Plotin
Eine Einführung

Susanne Möbuß

Plotin
Eine Einführung

Wissenschaftlicher Beirat

Prof. Dr. Hartmut Böhme
Prof. Dr. Detlef Horster
Prof. Dr. Ekkehard Martens
Prof. Dr. Barbara Naumann
Prof. Dr. Herbert Schnädelbach
Prof. Dr. Ralf Schnell

© by Junius Verlag GmbH
Genehmigte Lizenzausgabe Panorama Verlag, Wiesbaden
Alle Rechte vorbehalten
Umschlaggestaltung: Helmut Schaffer
Titelfoto: AKG Berlin
Satz: GGP Media GmbH, Pößneck
Druck: GGP Media GmbH, Pößneck
Printed in Germany
ISBN 3-926642-63-7

Inhalt

1. Einleitung 7

2. Das Eine 17

3. Der Geist und die Ideen 29

4. Die Weltseele und die Einzelseelen 45

5. Die Materie 59

6. Emanation – die Vervielfältigung des Seins 73

7. Die Rückkehr des Menschen zur Einheit 87

8. Plotins Auseinandersetzung mit Platon 109

9. Die Fortwirkung des Neuplatonismus
   plotinischer Prägung 115

Anhang
Anmerkungen 129
Literaturhinweise 131
Zeittafel 134
Über die Autorin 135

1. Einleitung

»[...] der Philosoph, der zu meiner Zeit lebte, war die Art von Mann, die sich dessen schämt im Leibe zu sein; aus solcher Gemütsverfassung wollte er sich nicht herbeilassen etwas über seine Herkunft, seine Eltern oder seine Heimat zu erzählen [...]. Dann und wann aber erzählte er mir trotzdem von sich aus bei unsern Gesprächen Einzelheiten von folgender Art [...]. Als er 28 Jahre alt war, habe er den Weg zur Philosophie eingeschlagen; er sei mit den Berühmtheiten des damaligen Alexandreia bekannt gemacht worden und sei aus ihren Vorlesungen gekommen enttäuscht und bekümmert [...]. Er war von sanftem Wesen und stand jedermann zur Verfügung der irgendwie mit ihm bekannt war. Deswegen hat er auch, obwohl er volle 26 Jahre in Rom lebte und in sehr vielen Zwistigkeiten die Rolle des Schiedsrichters übernahm, keinen einzigen der Staatsmänner je zum Feinde gehabt [...]. In seinen Vorlesungen war er klar und packend und hatte eine besondere Fähigkeit die passenden Gedanken zu finden [...]. Während er sprach, trat sein Geist sichtbar zutage und bestrahlte mit seinem Glanz selbst noch sein Antlitz; immer anziehend von Anblick war er in solchen Augenblicken geradezu schön [...].« (Vc, 3 ff.)

Wer ist dieser Mensch, der seine Herkunft so gering achtet, dass er sie keiner Erwähnung für wert hält, der in Alexandria studierte, in Rom lebte und seine Zeitgenossen durch die Milde seines Wesens und durch die Klarheit seines Sprechens faszinierte? Wer ist dieser Denker, nach dessen Tod kein Geringerer als Apollon selbst psalmodiert: »Zu unsterblichen Liedes Getön um den sanften Freund stimme ich die Leier [...]. Schon ehedem schnelltest du hoch, zu entrinnen der beißenden Woge des blutig mordenden Erdenlebens und seiner widrigen Wirbel; [...] oft schon haben deines Geistes Strahlen, welche auf schrägem Pfade nach ihrem eignen Willen zu eilen trachteten, geradenwegs hinaufgelenkt die Unsterblichen auf die Bahnen des Götterpfades, und gewährten dir in deiner dunklen Finsternis mit Augen zu schauen strahlende Fülle des Lichts« (Vc, 51 f.)?

Der Mann, dessen Andenken in diesen Zeilen bewahrt werden soll, ist Plotin, jener Denker, der versucht hat, die grundlegende Gespaltenheit des philosophischen Weltverständnisses seiner Zeit in der Vorstellung einer einzigen umfassenden Wirklichkeit aufzulösen. Wie sein Schüler Porphyrius berichtet, gab sich Plotin, der 204/205 n. Chr. in Alexandria geboren wurde und im Alter von 28 Jahren sein tiefes Interesse an der Philosophie entdeckte, zunächst mit keiner der damals in seiner Heimatstadt vorgetragenen Lehrmeinungen zufrieden, bis er eines Tages die Vorlesungen von Ammonios Sakkas besuchte und hier offenbar das fand, was er gesucht hatte. Alexandria, wo Plotin die nächsten elf Jahre seines Lebens den Lehren des Ammonios folgte, war im 3. Jahrhundert gewiss alles andere als eine beliebige Stadt im hellenisierten Ägypten. Es war sowohl Handelsmetropole als auch Zentrum des Wissens und der Bildung, in dessen Mauern sich nicht nur die verschiedensten philosophischen Strömungen finden ließen, sondern auch die unterschiedlichsten religiösen Kulte praktiziert wurden. Plotin wuchs also in einem intellektuellen Klima von höchster Vielfalt auf, die die Unmöglichkeit, aber auch die Unnötigkeit bezeugt, einem einzigen Ausdruck der Wahrheit absolute Gültigkeit zu attestieren. Rückblickend fällt es sicherlich nicht leicht, diese unverwechselbare geistige Stimmung unter den Weisheitslehrern und den Weisheit Suchenden in dieser Stadt zu bewerten: War es ein Taumel des Vielgestaltigen, die Faszination der zahllosen Ideen und Theorien, die trotz ihrer Fremdheit vielleicht das eigene Denken bestätigten, oder war es vielmehr eine Zeit der Verwirrung, der Frage nach einer verlässlichen Gewissheit, der zu vertrauen oder der zu glauben sich lohnte? Die wenigen bekannten Details aus Plotins Biografie könnten für beide Vermutungen als Beleg dienen, hatte er sich doch mit verschiedenen Lehren vertraut gemacht und sie sämtlich für unbefriedigend gehalten. Andererseits muss sein Wunsch, immer Neues kennen zu lernen und sich das Denken fremder Kulturen anzueignen, so stark gewesen sein, dass er sich im Alter von 39 Jahren einem Feldzug des Kaisers Gordian III. gegen die Perser anschloss, um Informationen über deren Philosophie zu erwerben. Dass das Scheitern dieser militärischen Aktion auch Plotins Vorhaben beendete, muss für ihn selbst eine erschütternde und enttäuschende Erfahrung gewesen sein. Die Absicht Plotins zeugt jedoch von seinem hohen intellektuellen Engagement bei der Suche nach dem ihm entsprechenden Wissen und hatte darüber hinaus noch eine sehr praktische Wirkung. Denn wäre Plotin auch weiterhin in Alexandria geblieben, hätte er sich vielleicht schwerlich von seinem Lehrer Ammonios trennen und eine eigene Lehrtätigkeit aufnehmen können. Gerade diese Arbeit wurde ihm in Rom möglich, wohin er nach dem gescheiterten Perser-Feldzug geflüchtet war. Zum zweiten Male lebte er also in einer Stadt, die – wiederum unter anderen Einflüssen stehend – Zentrum der damaligen Kultur war. Hier trug Plotin bis zu seinem Tod auf einem Landgut in Kampanien seine Lehren einer illustren Zuhörerschaft vor, zu der selbst Kaiser Gallien zählte, und verfasste jene Schriften, die nach dem Ordnungsschema des Porphyrius noch heute den Titel *Enneaden* tragen. Denn erst Porphyrius, ein Schüler Plotins, fasste die unsystematisiert hinterlassenen Texte in sechs Gruppen von jeweils neun Schriften – Enneaden – zusammen.

In den Zeilen des Porphyrius, in denen er das Klagelied des Apollon für Plotin wiedergibt, zeigt sich sehr deutlich, dass Plotin in all seinem Denken nur ein einziges Ziel gekannt hat – die Überwindung einer einseitigen Bindung an den eigenen Körper und die Erkenntnis des Göttlichen. Noch bevor er diese Gedanken in seinen Schriften erläutert, ja vielleicht sogar noch bevor er sich seines eigenen Denkens bewusst ist, spürt Plotin offensichtlich mit einer Sicherheit, die nur der Intuition eigen sein kann, worin das große Thema seines Philosophierens dereinst bestehen wird. Er ist kein Theoretiker, dessen Geist von Anfang an in einer bestimmten Tradition gebildet wird, sondern ihn bewegt ein intellektuelles Bedürfnis dazu, eine Lehre zu suchen, die ihm angemessen ist. So liegt für Plotin der Grund seines Philosophierens nicht in abstrakter Disputierfreude – und schon gar nicht an der verbalen Akrobatik der Sophisten, deren Inhaltslosigkeit schon Platon scharf kritisierte. Viel eher scheint der Quell des plotinischen Denkens in der Sehnsucht nach einem Zustand der Ruhe, der Einheit und der Wahrheit zu liegen, wie seine eigenen Worte zeigen: »Das ist das Leben der Götter und göttlicher, seliger Menschen, Abscheiden von allem andern was hienieden ist, ein Leben das nicht nach dem Irdischen lüstet, Flucht des Einsamen zum Einsamen.« (I, 207) Es ist eine nicht zu beantwortende Frage, inwieweit das geistige Klima in Alexandria und Rom zur Entwicklung des Einheitsgedankens Plotins beigetragen hat; doch erscheint eine solche Prägung seines intellektuellen Bedürfnisses wie auch seines späteren Denkens als äußerst nahe liegend. Die unzählig vielen Facetten der Wahrheit, die an diesen beiden Orten, in denen er die meiste Zeit seines Lebens verbringt, entweder mit weihevollem Ernst proklamiert oder fast schon als eine Ware unter anderen gehandelt werden, gilt es unter dem Begriff einer einzigen Wahrheit zusammenzufassen, einem Begriff, der die vielen einzelnen Formen nicht leugnet, aber in ein geordnetes Ganzes integriert. Die Zersplitterung des Denkens in seine vielfältigen Artikulationen muss in einem einzigen Gedanken zentriert werden. Plotin selbst erklärt: »Und das ist wahrhaft große Kraft, auch das Übel zum Heil wenden zu können und stark genug zu sein, das formlos Gewordene zu neuer Form zu verwenden.« (V, 55) Diese Worte klingen so, als sollten sie das gesamte Vorhaben Plotins in programmatischer Weise bezeichnen, denn tatsächlich bildet er aus dem formlos Gewordenen die neue Form. Damit setzt sich Plotin aber auch, wie so viele Denker seiner Zeit, von vornherein dem Vorwurf des Eklektizismus aus, der so leicht gegen jene Theoretiker geltend gemacht werden kann, die am Ende einer philosophischen Epoche stehen und deren verschiedenste Inhalte noch ein letztes Mal zusammenfassen wollen. Während eine solche Vorhaltung, nicht eigentlich originär zu schreiben, viele Zeitgenossen Plotins sicherlich zu Recht trifft, gilt für Plotin, dass er, obwohl Bekanntes aufgreifend, doch Eigenes hinzufügt und damit dessen Eigentümlichkeit gewährleistet. Dass er bereits von seinen Zeitgenossen aus dem Kreis jener halbherzigen Theoretiker, die sich allzu gerne aus dem reichen Fundus philosophischer Aussagen bedienen, ausgeklammert wird, zeigen die Ausführungen des Longinus, »des schärfsten Kritikers unserer Zeit«, wie Porphyrius schreibt:

»Es hat zu meinen Zeiten [...] zahlreiche Philosophen gegeben, und das besonders zu Zeiten meiner frühen Jugend; denn heutzutage ist das Ding ja unglaublich rar geworden [...]. Einige von ihnen unternahmen es ihre Lehren auch schriftlich der Nachwelt zu hinterlassen, damit sie an deren Gewinn teilhätte, die andern hielten es für ausreichend ihre Schüler so zu fördern daß sie ihre Lehren aufnehmen konnten [...]. Von denen nun, welche geschrieben haben, lieferten einige nichts weiter als eine Zusammenfassung oder Umformung dessen was die älteren Denker verfaßt hatten [...]. Diejenigen aber, welche in der Fülle der in Angriff genommenen Probleme den Ernst ihres Schreibens erwiesen und eine ganz eigene Methode der Untersuchung anwendeten, sind Plotinos und Gentilianus Amelius: jener hat die Pythagoreischen und Platonischen Prinzipien, wie es scheint, zu einer genaueren Deutung erhoben als die Denker vor ihm, denn keine der Schriften [dieser Denker] reicht auch nur von ferne an die wissenschaftliche Präzision der Arbeiten des Plotinos über dieselben Gegenstände [...].« (Vc, 43 ff.)

Abgesehen davon, dass diese Ausführungen ein nicht gerade rühmliches Bild der Philosophie im 3. Jahrhundert entwerfen, bestätigen sie den Eindruck der außergewöhnlichen Redlichkeit des Denkens, den Plotin erweckt zu haben scheint. Longinus verschweigt nicht, dass sich Plotin auf vorgegebene Prinzipien beruft. Doch allein schon die Haltung und die Methode, mit der er dieses tut, rechtfertigten es, ihn als die große Ausnahme im Kreis der zeitgenössischen Philosophen hervorzuheben. Umso erstaunlicher ist es natürlich, dass sich das Urteil derer, die in Plotin lediglich einen geschickten Eklektiker sehen wollen, als Vorurteil hartnäckig bis in die gegenwärtige Beurteilung seines Denkens erhalten konnte. Nachdem sich diese abwertende Einschätzung Plotins so lange hat aufrechterhalten können, ist es dann kein Wunder mehr, dass auch die Lehrtradition des Neuplatonismus, deren Bestimmung unauflöslich mit dem Namen Plotins verknüpft ist, den modernen Interpreten nicht gerade als die bedeutendste Leistung der griechischen Philosophie erscheint. Sollte Longinus den Zustand der Philosophie in jenen Tagen auch nur annähernd richtig beschrieben haben, trifft seine Kritik sicherlich auch manchen Neuplatoniker. Es ist daher unbedingt notwendig, zwischen Plotins Denken und dem Neuplatonismus zu unterscheiden; Plotin ist zwar der wichtigste Repräsentant und teilweise auch Begründer dieser Schule, aber er darf keinesfalls für alles, was mit diesem Prädikat versehen wird, als Urheber betrachtet werden. Wer sind die Theoretiker, die neben Plotin der neuplatonischen Richtung der griechischen Philosophie zugeordnet werden? Als ihr eigentlicher Begründer gilt

Ammonios Sakkas, der Lehrer Plotins, ebenso Aelius Aristides, Pseudo-Dionysius Areopagita, Olympiodorus und Porphyrius, der Schüler Plotins. Nach dessen Tod bilden sich im ohnehin niemals ganz homogenen Denken dieser Provenienz drei Schulen heraus, die nach ihren geographischen Zentren unterschieden werden: die syrische, die athenische und die alexandrinische Schule mit ihren wichtigsten Vertretern Jamblichos, Proklos und Synesios von Kyrene.

Zeitlich umfasst die Bewegung des Neuplatonismus damit eine Spanne von gut vierhundert Jahren, sodass es sich schon allein aus diesem Grund verbietet, alle ihre Schattierungen mit dem plotinischen Denken identifizieren zu wollen. Äußerst schwierig ist es schließlich, für eine philosophische Tradition, die sich über einen relativ langen Zeitraum lebendig erhalten konnte, charakteristische Merkmale zu finden, in denen die Ausführungen aller wichtigen Repräsentanten übereinstimmen. Es ist in der Forschung üblich geworden, als eines dieser Merkmale einen krassen Dualismus von irdischer und jenseitiger Welt zu nennen, einer Region des Vergänglichen also, die mit einem Bereich des Göttlich-Ewigen kontrastiert wird. Das Göttliche ist als Unvergängliches Ursache alles Entstehens, das in Form eines stufenweisen Hervorgehens aus dem Urgrund verstanden wird. Die Seele, die in diesem Prozess entsteht, spürt in ihrer Einbindung in einen ihrem Ursprung unangemessenen Körper einzig das Verlangen, diese Bedingung des Elends aufzulösen und zu ihrem eigentlichen Zustand – der Einheit mit dem Göttlichen – zurückzukehren. Um die Mechanismen dieser Rückführung der Seele in ihr eigentliches Sein zu veranschaulichen, bedienen sich zahlreiche Theorien des Neuplatonismus mystischer Vorstellungen, die nicht selten von der Ekstase der Seele im Augenblick der Vereinigung mit dem Göttlichen zu berichten wissen.

Neuplatonisches Philosophieren steht daher von Anfang an in entschiedener Nähe zu religiösem Empfinden, sodass diese Denkrichtung generell eher als mystisch-emotional denn als rational-diskursiv betrachtet wird. Es wäre jedoch falsch, die unverkennbar religiösen Motive, die im Neuplatonismus zweifellos in mehr oder minder deutlicher Form anklingen, mit jenen identifizieren zu wollen, die das Christentum prägen, das zu diesem Zeitpunkt bereits einen nicht mehr zu verleugnenden Faktor innerhalb der religiös-philosophischen Landschaft darstellt. Seit der großen Systementwürfe des Platon und des Aristoteles sind mehr als sechshundert Jahre vergangen, eine Zeit, in der es den Denkern kaum gelungen ist, die von beiden in unterschiedlicher Weise hinterlassene Frage nach der möglichen Überbrückung der Kluft zwischen geistiger und materieller Realität zu beantworten. Das Problem, mit dem sich Plotin konfrontiert sieht, besteht seit den Tagen Platons unvermindert, doch sind die Lösungsvorschläge rar geworden und können einen suchenden Geist wie ihn schwerlich zufrieden stellen. Diese ohnehin schon große intellektuelle Zerrissenheit jener letzten Phase der griechischen Philosophie wird nun durch das Grundempfinden der christlichen Religion noch intensiviert, denn auch dieses beruht auf der Vorstellung eines krassen Dualismus. Seit dem Jahr 48 n. Chr., in dem sich die Führer der christlichen Gemeinden in Jerusalem zum Apostelkonzil trafen, bemühen sich die Geistlichen unentwegt darum, den Kanon ihrer Lehren zu fixieren und eine definitive Dogmatik zu begründen. Eine dieser Lehren gilt der Schöpfungstat Gottes, die hier wahrhaft als Tat, das heißt als Willensakt Gottes verstanden wird. Dem Schöpfer, der in jedem Moment als willentlich agierend gedacht wird, steht seine Schöpfung in ihrer Kreatürlichkeit gegenüber; der Gegensatz ist kein vermittelter wie in vielen Modellen der griechischen Philosophie, er ist absolut. Hier gibt es kein Gesetz der Kausalität mehr, das das notwendige Hervorgehen der Wirkung aus ihrer Ursache erklären kann, und kein Ideenreich, an dessen Wirklichkeit die entstandenen Dinge in einer mehr oder weniger nachvollziehbaren Weise teilhaben. In der christlichen Schöpfungslehre wird die lose Verknüpfung des Irdischen und des Jenseitigen, wie sie die griechische Philosophie zu festigen suchte, nun vollends aufgerissen. Der Mensch in diesem neuen Verständnis kann sich nicht mehr darauf verlassen, dass er trotz aller Abhängigkeit von den Affektionen seines Körpers durch seinen Geist immer in Verbindung zum Ewigen steht. So dualistisch das christliche Schöpfungsverständnis auch ist, als so einheitlich erweist sich das Menschenbild der sich ständig eindeutiger definierenden Religion. Der Mensch in der ungeteilten Gesamtheit seiner Vermögen und seiner Schwächen kann sich zwar nach Kräften bemühen, den göttlichen Geboten gemäß zu leben, aber in letzter Konsequenz ist er der Gnade des allmächtigen und allwissenden Gottes ausgeliefert, der alles menschliche Streben durch einen Beschluss seines Willens zunichte machen kann.

Müssen nicht letztlich auch diese Lehren Plotin zu einer Reaktion veranlassen – denn wie sollte er sie gerade in Alexandria und Rom, den Zentren christlicher Theoriebildung, nicht zur Kenntnis nehmen? Am Schnittpunkt aller dualistischen Systeme, denen noch weitere Beispiele hinzugefügt werden könnten, lebend, versucht Plotin, ein Bild der Welt und des Menschen, des Dauerhaften und des Vergänglichen zu entwerfen, das die Gegensätzlichkeiten der jeweiligen Vorstellungen nicht verwischt, sondern beide mit ihren gesamten Unterscheidungsmerkmalen als zwei Bereiche ein und derselben Wirklichkeit fasst. Hier liegt der Ursprung des Begriffes der Einheit, den Plotin mit klarer Stringenz entwickelt; hierin findet er schließlich jenes Motiv, das er vergeblich in den philosophischen Entwürfen seiner Vorgänger und Zeitgenossen gesucht hat. Damit ist noch nicht gesagt, dass Plotin den so problematischen Dualismus zwischen Veränderlichem und Ewigem, zwischen dem Geschaffenen und dem Schaffenden ein für alle Mal aufgehoben hat. Wie immer die Beurteilung darüber ausfallen mag, ob ihm sein ehrgeiziger Plan gelungen ist, muss anerkannt werden, dass Plotin versucht hat, das menschliche Denken bis an seine Grenzen zu führen. Denn wie soll der Mensch das Eine noch denken können, das sich jeder Beschreibung entziehen muss, würde es doch sonst selbst einem der beiden gegensätzlichen Bereiche zuzuordnen sein. Plotin verlangt daher von seinem System – und um ein solches handelt es sich, auch wenn er selbst es niemals in systematischer Form niederschrieb –, dass es sein höchst individuelles Bedürfnis nach einer Wirklichkeitssicht befriedigen kann, die sich nicht ständig entscheiden muss, welchen Bereich sie als real im eigentlichen Sinne betrachten will. In gewisser Weise will er das Denken zur Ruhe bringen, wobei dieser ihm erstrebenswert erscheinende Zustand aber nicht als leblose Starre, sondern als höchste Form der Zentriertheit des Denkens auf sich selbst zu verstehen ist. Erst in dieser nicht mehr zu übertreffenden Konzentration findet Plotin jenen Zusammenhang des Wirklichen, nach dem er so lange gesucht hat – das Sein. Fast scheint Plotin sein eigenes Bemühen als Suchender und Lehrender zu beschreiben, wenn er notiert: »Ist dem so, dann muß man von allem was außen ist sich zurückziehen und sich völlig in das Innere wenden, man darf keinem Äußeren mehr geneigt sein, sondern muß das Wissen von allem auslöschend, schon vorher in seiner eigenen Haltung, jetzt aber auch in den Gestalten des Denkens, auch das Wissen von sich selbst auslöschend in die Schau Jenes eintreten; und ist man so mit Jenem vereint und hat genug gleichsam Umgang mit ihm gepflogen, so möge man wiederkehren und wenn mans vermag auch andern von der Vereinigung mit Jenem Kunde geben [...].« (I, 193)

2. Das Eine

»Wie nämlich die eine Wissenschaft, welche ein Ganzes ist, sich zerteilt in die einzelnen Lehrsätze ohne daß sie zerstreut und zerstückelt wird, und wie dasjenige Einzelne das Ganze potential in sich enthält, bei welchem Urgrund und Endziel dasselbe sind, so muß man auch sein Ich zurüsten, daß die Urgründe in ihm zugleich auch sein Endziel sind und daß es im Ganzen und mit all seinen Inhalten gerichtet ist auf das Wertvollste seines Wesens; wird man zu diesem Wertvollsten, so ist man in der oberen Welt; denn mit diesem besten Stück seines Wesens kann man, wenn man es festhält, rühren an das Obere.« (I, 281 f.)

Die Achtung, die Plotin bereits zu seinen Lebzeiten zuteil geworden ist, gründet sich zu einem Großteil sicherlich auf die kompakte Geschlossenheit seines Denkens, das der mystischen Gewissheit mitunter näher verwandt zu sein scheint als reiner diskursiver Rationalität. Plotin ist der Denker der Einheit, der der in vielerlei skeptizistischen Querelen befangenen Philosophie des 2. Jahrhunderts ihre längst verlorene Bedeutung von neuem zuspricht. Allen gegenteiligen Auffassungen zum Trotz ist Plotin der festen Überzeugung, dass die Philosophie jene schwirige Aufgabe tatsächlich leisten kann: das Band sichtbar werden zu lassen, das die menschliche Vorstellung der Wirklichkeit durchzieht. Wenn er daher – wie auch in obigen Worten – vom »Ganzen« spricht, drückt sich für ihn in diesem Begriff das gesamte Wissen um die Wirklichkeit aus, die sich nicht auf eine einseitige Interpretation reduzieren lässt. In all seinen Erörterungen und Lehrgesprächen weigert sich Plotin mit unübertrefflicher Geradlinigkeit, eine Entscheidung zugunsten einer ausschließlichen Deutung des Wirklichen zu treffen und es entweder zum Materiellen, Konkreten, Veränderlichen oder zum Ideellen und Unwandelbaren zu erklären. Wirklichkeit begreift er als Ganzheit, die alle denkbaren und wahrnehmbaren Gegensätzlichkeiten gleichermaßen umspannt. So wie eine Wissenschaft ein aus verschiedenen Lehrsätzen geformtes Ganzes ist, so wie das Einzelne das Ganze »potential in sich enthält«, stellt sich auch die menschliche Existenz als Ganzes dar: als Sein zwischen Ursprung und Vergehen. Für den Menschen bedeutet dieses Wissen aber nicht nur ein Verstehen der Bedingung und momentanen Beschaffenheit seines Existierens, sondern darüber hinaus zugleich ein Postulat. Er soll erkennend, verstehend und wissend die Anbindung seines Seins an dessen »Urgrund« bestätigen und damit sein »Endziel« verwirklichen. Wie könnte der Mensch dieser Forderung, die aus Plotins Konzeption der Wirklichkeit resultiert, nachkommen, wenn er nicht bereit wäre, die Vorstellung absoluter Gegensätzlichkeiten aufzugeben? Unter dem Begriff des Ganzen heben sich die traditionell überlieferten und keineswegs grundlos fixierten Differenzen zwischen Materie und Geist, zwischen Zeitlichkeit und Ewigkeit auf. Dabei weichen sie allerdings keiner diffusen Vision einer egalisierenden Einheitlichkeit des als wirklich zu Betrachtenden, sie schaffen vielmehr Raum für eine sehr scharf konturierte Struktur des Seins, das für Plotin Repräsentant des Wirklichen schlechthin ist. Will er also dessen Formen und Gesetzmäßigkeiten erforschen, muss er die Natur desjenigen beschreiben, was ist, oder – anders formuliert – das Wesen des Seienden bestimmen.

Es mag auf den ersten Blick überraschend wirken, wenn Plotin im Rahmen dieses Vorhabens zunächst konstatiert, »daß das

Seiende nicht Eines ist« (IV, 177). Wäre diese Annahme nicht gerade die konsequente Folgerung seines Planes gewesen, Wirklichkeit als ein Ganzes zu betrachten? Tatsächlich würde jedes Bestreben, spezifische Differenzen zwischen Seiendem zu leugnen, um es so als Eines fassen zu können, Plotins Vorstellung dieses Ganzen von vornherein vereiteln. Denn es geht ihm nicht um eine Verschleierung jener Unterschiede, die ein Ding von einem anderen oder einen Menschen von einem anderen trennen, da es dann sofort unmöglich würde, überhaupt das eine vom anderen erkennend zu sondern. Im Gegensatz zu einer solchen letztlich grund- und sinnlosen Einebnung des Besonderen betont Plotin immer wieder die scheinbar unbegrenzte Vielfalt dessen, was ist. Wie sich schnell zeigt, beruht dessen Verschiedenheit jedoch auf jeweils unterscheidenden Merkmalen oder Eigenschaften, also der Art und Weise, *wie* etwas ist. Alles nur Wahrnehmbare und alles Denkbare stimmt hingegen in der Tatsache überein, *dass* es ist.

In einem ersten Erklärungsansatz bemerkt Plotin daher zum Seienden: »Nachdem wir es also nicht als Eines ansehen, schreiben wir ihm eine bestimmte Zahl zu oder setzen wir es als unendlich? In welchem Sinne ist dies Nicht-eins-sein denn zu verstehen? Nun, wir nennen es zugleich Eines und Vieles, es ist ein Eines, welches vielgestaltig ist und das Viele zur Einheit in sich versammelt hat.« (IV, 179) Weit davon entfernt, bloßes Wortspiel oder beliebiges Aufheben begrifflicher und logischer Differenz zu sein, stellt diese Formulierung eine der zentralen Aussagen der plotinischen Ontologie dar. Es gibt das Unterscheidbare, Individuelle, dessen Wirklichkeit und tatsächliche Differenziertheit Plotin nicht einen einzigen Moment lang infrage stellt. Dieses Verschiedene ist »Vieles« und kann unmöglich als Eines bezeichnet werden, da dann seine jeweiligen Besonderheiten negiert würden. Ebendieses Verschiedene – das Seiende – ist aber zugleich

»Eines«, insofern alles, was *verschieden* ist, doch verschieden *ist*. Das Seiende stimmt im Fakt seines Seins überein und bildet ausschließlich auf dieser Grundlage ein »Eines«.

Plotin verdeutlicht diesen Sachverhalt, indem er die Seinsweisen der Seele und eines Steines vergleicht: »Daß die Seele sei, wird jedermann zugeben; ist aber dies Sein dasselbe, das man von einem Stein aussagt? Nein, es ist nicht dasselbe. Indes dennoch, so wie beim Beispiel des Steines das Sein für den Stein nicht sein Sein, sondern sein Stein-Sein ist, so enthält auch in unserm Falle für die Seele ihr Sein zugleich das Seele-Sein.« (IV, 189)

Sowohl der Seele als auch dem Stein kommt Sein zu, in dessen Einheit beide inbegriffen sind. In ihrer jeweils spezifischen Form zeigen beide jedoch eine Verschiedenheit, in der ihr Sein ist. Das Sein ist der Ermöglichungsgrund dafür, dass überhaupt etwas ist. Das Besondere an dieser Konzeption Plotins besteht darin, dass er beides – das Sein wie auch das Seiende – als wirklich betrachtet und damit deren fundamentale Differenz zwar erklärt, aber nicht als Beurteilungskriterium der Wirklichkeit akzeptiert. Natürlich zweifelt er nicht daran, dass nur das Seiende das Wahrnehmbare ist, das durch die Sinne erfasst oder durch den Geist erkannt werden kann, wohingegen es zunächst keine Möglichkeit gibt, sich dem Sein an sich erkennend zu nähern. Doch auf der anderen Seite gäbe es keine Chance, Seiendes zu erkennen, wenn es nicht auf dem Sein gründen und damit überhaupt erst sein würde. Im Bewusstsein dieser schwierigen Unterscheidung zwischen Seiendem und Sein geht Plotin explizit auf die Frage der Erkennbarkeit des Seienden in seinem Sein – der »Seinsheit« – ein: »Wollte aber jemand einwenden, dies möge gewiß *an* der Seinsheit zu beobachten sein, *was sie aber ist*, sei damit noch nicht gesagt, so verlangt er wohl obendrein, dies leibhaft zu sehen. Aber dies ›sie ist‹, dies Sein ist ja wohl mit Augen nicht zu sehen. Nun aber: das Feuer und das Wasser ist ja wohl Seinsheit. Ist nun beides Seinsheit, weil es zu sehen ist? Nein. Oder weil es Materie hat? Nein. Oder weil es Form hat? Auch das nicht. Und auch nicht, weil es ein Beisammen ist. Aber wodurch denn? Durch das Sein.« (IV, 245; Hervorh. von mir, S.M.) Weder die Materie noch die Form des Wassers, noch dieses bestimmte Wasser, das durch beider Zusammenwirken entsteht, vermag über das Sein als solches Aufschluss zu geben. Sie zeigen lediglich, *was* ist, und vermitteln dadurch die Erkenntnis, *dass* etwas ist. *Warum* dieses ist, können sie jedoch nicht erklären. Ist damit aber zum ersten Mal die Frage nach der Begründung von Seiendem artikuliert worden, so wird bereits hier deutlich, dass Plotin sie unter Hinweis auf das Sein beantwortet, das Eines ist. Die Einheit, das Ganze der Wirklichkeit beruht auf der Einheit des Seins, das eines und vieles zugleich ist. Diese Feststellung vermag jedoch nach Plotins Ansicht die Frage der Verursachung von Seiendem noch nicht in befriedigender Weise zu beantworten, da sie lediglich den Urgrund des Seienden, nicht hingegen dessen Entstehen klärt.

Schon dieses noch unvollständig entfaltete Verständnis der Relation von Seiendem zum Sein, das Plotin hier andeutet, antizipiert in beeindruckender Weise jenen fundamental-ontologischen Ansatz, den Martin Heidegger erst mehr als 1200 Jahre später entwickeln wird. In seinem 1927 entstandenen Werk *Sein und Zeit* erklärt Heidegger programmatisch: »Das Gefragte der auszuarbeitenden Frage ist das Sein, das, was Seiendes als Seiendes bestimmt, das, woraufhin Seiendes, mag es wie immer erörtert werden, je schon verstanden ist [...]. Die Abhebung des Seins vom Seienden und die Explikation des Seins selbst ist Aufgabe der Ontologie.«[1] Was leistet Plotin in seinen Ausarbeitungen letztlich anderes als diese von Heidegger strikt geforderte »Abhebung des Seins vom Seienden«?

Zweifellos hängt die gesamte Bewertung des plotinischen Seins-Denkens und seiner deutlichen Modernität in entscheidendem Maße davon ab, von welchem Ausgangspunkt der Versuch unternommen wird, seine Einheitsvorstellung aufzuschlüsseln. Wird seine Forderung der Einheit und somit auch des ursächlichen Einen aus der Evidenz der vielgestaltigen Realität abgeleitet, wie es hier geschieht, erweist sich Plotins Ontologie in der Tat als eine intellektuelle Leistung, die den modernen Theorien näher steht als jenen antiken Entwürfen, auf die Plotin selbst zurückgreifen konnte. Wird das Vielfältige im Gegensatz zu dieser Interpretation strikt aus dem Einen abgeleitet, das als notwendige externe Ursache verstanden wird, könnte Plotin eher als ein Denker erscheinen, der das gedankliche Erbe Platons weiterentwickelt, aber nicht entscheidend modifiziert hat. Wie verantwortungsbewusst und wie kreativ Plotin dieses Erbe verwaltet hat, zeigt sich bei einer näheren Betrachtung der Form, in der er die Relation des verursachenden Seins zum verursachten Seienden expliziert: »Stell dir [...] einen gewaltigen Baum [vor], dessen Lebenskraft den ganzen Raum durchläuft, sein Urgrund aber verharrt in sich und zerstreut sich nicht über das Ganze, da er gleichsam in der Wurzel seinen festen Sitz hat; so verleiht dieser Urgrund dem Baum sein ganzes Leben in all seiner vielfältigen Fülle, bleibt jedoch selbst an seiner Stelle, denn er ist nicht selber Vielheit, sondern Urgrund dieses vielfältigen Lebens. So ist es denn kein Wunder (oder ist es gerade ein Wunder?), wie die Vielheit des Lebens aus der Nicht-Vielheit stammt und wie die Vielheit nicht dasein konnte, wenn es nicht das Vor-der-Vielheit gäbe, das nicht Vielheit ist.« (III, 29)

Das Sein, das alles Seiende sein lässt, ist jenes Eine, jene unzerstörbare Einwurzelung, von der Plotin in diesem Bild spricht. Insofern es sich aber erst in der »Abhebung« vom Seienden in seiner Vielgestaltigkeit zeigt und als dessen Urgrund und Prinzip erkannt werden kann, ist es durchaus nahe liegend, es auch als das Erste zu bezeichnen, dem nichts vorauszugehen vermag, da es dann selbst wieder in eine Vielheit zerfallen würde. Das Erste wird durch die Wahrnehmung des aus ihm Folgenden auffindbar, weil es mit diesem ein Ganzes bildet. Vielleicht mag es gerade in Anbetracht dieses sehr strikt entwickelten Gedankens etwas irritierend wirken, wenn Plotin sich an anderer Stelle dazu genötigt sieht, zwischen einem »bestimmten Einen« und dem »Einen schlechthin« zu unterscheiden.

»Im ganzen scheint es, daß das im Seienden befindliche Eine sich dem schlechthin Einen nähert, es fällt aus ihm zusammen mit dem Seienden heraus, und das Seiende, soweit es zu Jenem gerichtet ist, ist Eines, soweit es Jenem aber nachgeordnet ist, ist es das, was auch Vielheit sein kann, während Jenes Eines bleibt [...]. Wie aber kann nun jedes einzelne Seiende Eines sein? Nun, das bestimmte Eine ist nicht Eines, denn das bestimmte Eine ist bereits Vielheit.« (IV, 201) In diesen Worten drückt Plotin in abstrakter Form denselben Gedanken aus, der bereits dem Beispiel des Baumes zugrunde lag. Das Sein ist Eines schlechthin und bleibt Eines, völlig unabhängig davon, wie viel konkret Seiendes aus ihm hervorgeht oder – um eine etwas andere Formulierung zu verwenden – wie viel konkret Seiendes es repräsentiert. Das Sein ist ein selbst absolut gestaltloser Ermöglichungsgrund dafür, dass etwas ist, das trotz seiner eigenen Vielfalt doch eines ist, weil es ist. Dieses Verständnis des Entstehens, das in seinem Werden Sein verwirklicht, trägt der ontischen Einheitsstruktur der Wirklichkeit in besonderer Weise Rechnung und hätte die Frage nach einer ersten verursachenden Instanz dieses Prozesses progressiver Seins-Realisierung nicht mehr unbedingt stellen müssen. Was ändert das Wissen um ein mögliches Zugrundeliegendes schließlich an der Vorstellung einer einheitlichen Wirklichkeit, in der alles Seiende trotz seiner Vielfalt ein Ganzes bildet, weil es Eines ist? Es ergänzt diese Vorstellung um die Kenntnis der letzten Ursache – ein Wissen, auf das Plotin nicht verzichten konnte, auch wenn es erhebliche Schwierigkeiten in seiner Darlegung bedingte. Denn wie kann jenes absolut Erste, das das Eine schlechthin ist, gedacht und – was noch weitaus problematischer ist – sprachlich fixiert werden? Aus den bisherigen Betrachtungen ergibt sich zunächst folgender Befund, der Ausgangspunkt für alle weiteren Überlegungen ist: »Alles Seiende ist durch das Eine ein Seiendes [...].« (I, 171) Soll dieses Eine als das Erste gefasst werden, kann mit Recht danach gefragt werden, wie jenes Erste das Entstehen von Seiendem bewirkt. In seinem Baum-Beispiel hat Plotin die Antwort angedeutet; hier muss sie nun erneut thematisiert werden: Das Eine bewirkt das Entstehen des Vielen dadurch, dass es ist; das Viele verwirklicht das Eine, indem es ist. Diesen umfassenden Seins-Zusammenhang, der die gesamte Wirklichkeit erst zu einem Ganzen werden lässt, bezeichnet Plotin selbst mit dem Begriff der Teilhabe: »[...] das gesamte Seiende, welches alle seienden Dinge in sich hat, ist ja erst recht Vielheit, also vom Einen verschieden, welches es nur durch Anteilnahme und Teilhabe besitzt.« (I, 175)

Dieses Sein, an dem das Seiende kraft seines Seins teilhat, gilt es für Plotin näher zu charakterisieren, wobei er immer wieder auf den fundamentalen Kontext seiner ontologischen Betrachtungsweise zurückgreift. Da sich bereits gezeigt hat, dass das Sein selbst nicht wahrnehmbar ist, ist dessen Darstellung ausschließlich in Form negativer Bestimmungen zu leisten – ein Darstellungsverfahren, das Plotin in zahlreichen Variationen zu präsentieren versteht.

»Jenes aber ist nicht ein Etwas sondern vor jeglichem; und auch kein SEIENDES, denn das Seiende hat zur Form gleichsam die Form des Seienden, Jenes aber ist ohne, auch ohne geistige Geformtheit. Da nämlich die Wesenheit des Einen die Erzeugerin aller Dinge ist, ist sie keines von ihnen. Sie ist also weder ein Etwas noch ein WIEBESCHAFFEN noch ein WIEVIEL, weder Geist noch Seele; es ist kein BEWEGTES und wiederum auch kein RUHENDES, nicht im RAUM nicht in der ZEIT, ›sondern das Eingestaltige als solches‹, oder vielmehr ohne Gestalt da es vor jeder Gestalt ist, vor Bewegung und vor Ständigkeit, denn die haften am Seienden und machen es zu einem Vielen.« (I, 179 f.)

All die Negationen, die Plotin hier artikuliert, gelten solchen Attributen, die für gewöhnlich dazu herangezogen werden, ein Wesen möglichst unverwechselbar zu beschreiben. Insgesamt neun dieser Unterscheidungsmerkmale finden sich in der aristotelischen Kategorien-Schrift, die neben den von Plotin erwähnten Bestimmungen noch die Relation, das Wirken, das Leiden, das Entgegengesetzte und das Haben zur Charakterisierung einer Substanz anführt. Ermangeln einem Wesen also sämtliche Kennzeichen seiner Besonderheit, kann es nicht als Individuelles, von anderen Verschiedenes erkannt werden und muss notwendig eines sein, wenn es ist. Wenn die Formulierung negierender Aussagen über das Eine, die Plotin hier vornimmt, einen positiven Erkenntniswert besitzt, dann liegt er darin, dass das Eine im Sinne einer unwandelbaren Vollständigkeit zu denken ist. Jede Veränderung, die sich an einem Seienden vollzieht und beispielsweise sein Aussehen, seine Größe, seine Position im Raum modifiziert, ist überhaupt nur durch Bewegung möglich. Bewegung ist in diesem Verständnis, mit dem Plotin einer langen und bedeutungsvollen Tradition des griechischen Denkens folgt, nicht ausschließlich die Verlagerung eines Körpers von einem Raumpunkt zu einem anderen, sondern die Veränderung eines jeden Seienden schlechthin. Jedem Wandel der spezifischen Beschaffenheit eines Seienden liegt Bewegung im Sein zugrunde, das sich im Prozess der Veränderung zu einem gewandelten Seienden formiert. Charakteristisch auch für das plotinische Denken ist darüber hinaus die Überzeugung, dass jede Veränderung am Seienden dessen Distanz zum Einen neu festlegt – eine Auffassung, die im Folgenden Berücksichtigung finden wird. Während sich also das Seiende in ununterbrochener Umstrukturierung befindet, insofern es sich in seiner Vielfalt permanent bewegt und verändert, kennt das Eine weder Bewegung noch Veränderung, da es völlig attributloses und damit völlig zeitloses Sein ist. »Denn dasjenige, welches als solches und in solcher Weise beharrt, und zwar als eben das beharrt, was es ist, als Verwirklichung des Lebens, welches von sich aus verharrt [...], dem kommt es zu, Ewigkeit zu sein. Denn wahrhaft sein bedeutet: niemals nicht sein und niemals anders sein, und das heißt: unverändert sein, und das heißt: ununterschiedlich sein.« (IV, 319)

Solcherart bestimmungslos, verweigert sich das Sein, insofern es für sich betrachtet werden soll, jeglicher sprachlichen Fixierung und Vermittlung, sodass sich Plotin selbst zu dem Eingeständnis genötigt sieht, dass an die Stelle einer Verständigung über das Sein lediglich der Versuch der Menschen treten kann, sich gegenseitig »Hinweise über Es« zu geben: »Daher Es auch in Wahrheit unaussagbar ist; denn was du von ihm aussagen magst, immer mußt du ein Etwas aussagen. Vielmehr ist allein unter allen andern die Bezeichnung ›jenseits von allen Dingen und jenseits des erhabenen Geistes‹ zutreffend, denn sie ist kein Name, sondern besagt, daß es keines von allen Dingen ist, daß es auch ›keinen Namen für Es‹ gibt, weil wir nichts von Ihm aussagen können; sondern wir versuchen nur nach Möglichkeit, uns untereinander einen Hinweis über Es zu geben.« (V, 157) Aussagen wie diese legen es natürlich nahe, das Denken Plotins im Kontext der Tradition der »negativen Theologie« zu lesen. Fraglich ist jedoch, ob eine solche Zuweisung für den Moment nicht verfrüht wäre. Denn es ist noch keineswegs entschieden, ob Plotin mit dem Einen, Ersten, Unwandelbaren tatsächlich etwas dem Göttlichen Verwandtes bezeichnet oder eher ein umfassendes Seinsprinzip, das als solches nicht ohne weiteres Gegenstand einer (sei es auch negativen) Theologie sein könnte. Die bislang durchaus gegebene Möglichkeit, das Eine mit dem Sein des Seienden zu identifizieren, wird jedoch problematisch, wenn Plotin im Rahmen seiner weiterführenden negierenden Bestimmungen des Einen auch die Frage nach dessen Willensfreiheit thematisiert. Ist mit dieser Frage nicht die bisher so konsequent durchgehaltene Interpretation des Einen im ontischen Sinne außer Kraft gesetzt, weil der Wille und zumal die Entscheidungsfreiheit ausschließlich einem als personhaft zu denkenden Wesen zuerkannt werden können? Für Philo von Alexandrien etwa, der der jüdischen Religionsphilosophie in ähnlicher Weise wie Plotin die Bestimmung Gottes durch positive Attribute verweigert hat, ist die Frage nach dem Willen und der daraus resultierenden Omnipotenz Gottes unbedingt angebracht und sogar notwendig. So ist es verständlich, dass sich auch Plotin dieser Frage zuwenden muss, und sei es auch nur, um sie letzten Endes als unbeantwortbar bezeichnen zu können.

Wenn sich jegliche Unterscheidung von Eigenschaften und Merkmalen tatsächlich nur an Seiendem beobachten lässt, für das Eine hingegen mit Entschiedenheit zurückgewiesen werden muss, dann zählt zu diesen Eigenschaften auch die Handlungsfähigkeit eines Wesens. Ein Seiendes, das handelt oder eine Entscheidung trifft und diese realisiert, verändert in extremer Weise seine momentane Bestimmbarkeit. Ein Mensch, der beispielsweise beschließt, eine als anerkennenswert zu beurteilende Handlung zu vollbringen, entfaltet ein zuvor nur der Möglichkeit nach in ihm liegendes Können. Auch Aristoteles hat das Wirken als eines der die Substanz charakterisierenden Merkmale benannt. So wird vielleicht verständlich, dass jede Verwirklichung einer Idee, jede Umsetzung eines Planes oder eines Vorhabens das vormals bestehende Verhältnis zwischen Möglichkeiten und tatsächlich Realisiertem im Menschen drastisch verändert. Da das Eine aber gerade von jeder Veränderung völlig frei sein soll, können ihm keinesfalls Handlung oder Entscheidung zugewiesen werden, wodurch auch die Frage nach der eventuellen Freiheit oder Determiniertheit des Entscheidens sofort hinfällig wird. Das Eine kann nicht einmal als wirkend gedacht werden, da jede Wirkung wiederum Veränderung und damit Setzung des wandelbar Vielfältigen bedeutet. Plotin konstatiert dementsprechend:

»Da nun aber das, was man seine [des Einen] ›Existenz‹ nennen könnte, mit seiner ›Wirksamkeit‹ identisch ist [...], so ist seine Wirksamkeit ebensowenig durch sein Sein bestimmt wie sein Sein durch die Wirksamkeit: es eignet ihm also nicht eine seiner Naturbeschaffenheit entsprechende Wirksamkeit, seine Wirksamkeit, sein ›Leben‹, kann nicht auf seine ›Seinsheit‹ zurückgeführt werden; sondern seine ›Seinsheit‹ ist mit der Wirksamkeit von ewig her verbunden und gleichsam vermählt und aus beiden macht es sich selber. Wir aber betrachten die Selbständigkeit nicht als eine begleitende Eigenschaft von Jenem, sondern wir gehen aus von den an den anderen Dingen befindlichen Selbständigkeiten, scheiden die Gegenteile aus und übertragen auf Jenes die geringeren Selbständigkeiten von den geringeren Wesen her; da wir nicht imstande sind, dessen habhaft zu werden, was eigentlich von Jenem ausgesagt werden müßte, so lassen wir es mit dieser Aussage über Es bewenden.« (IV, 23)

Selbstständigkeit des Entscheidens, Freiheit des Willens, Spontaneität des Handelns sind Eigenschaften des menschlichen Wesens, deren Projizierung auf das vermeintliche Wesen des Einen gänzlich unsinnig sein muss. Denn bereits die geringste Differenzierung, die durch die Isolierung einer einzigen Eigenschaft im Wesen des Einen initiiert würde, müsste das Verständnis seiner eigentlichen Beschaffenheit verfehlen. Für das menschliche Denken stellt dieser notwendige Verzicht darauf, das Ursprungs-Sein begrifflich differenziert betrachten zu wollen, eine Forderung dar, die seine Leistungsfähigkeit überschreitet, wie die zahlreichen Zugeständnisse Plotins deutlich belegen.

3. Der Geist und die Ideen

Als Grundkomponenten des plotinischen Denkens haben sich bisher drei Vorstellungen ermitteln lassen: das Eine, das Sein und das Seiende. Das Eine – in sich ein undifferenzierbares Ganzes bildend – steht der unendlichen Vielfalt des Seienden gegenüber, wobei Plotin immer wieder darauf hinweist, dass diese fundamentale Kontrastierung von Einem und Vielem nicht im Sinne absoluter Ausschließlichkeit gedacht werden darf. Zwar sind beide in ihrer jeweiligen Beschaffenheit völlig unvergleichbar und müssen daher durchgehend mit gegensätzlichen Attributen belegt werden, um gedacht werden zu können; eine Notwendigkeit, der Plotin durch die konsequente Negierung jeglicher Merkmalsdifferenzierung im Falle des Einen Rechnung zu tragen versucht. Dennoch gibt es zwischen dem Einen und dem Vielen eine unleugbare Verbindung, die es erlaubt, beide trotz ihrer scheinbaren Unvereinbarkeit doch als in einem Ganzen vereint zu begreifen: das Sein. In dem Faktum ihres Seins stimmen diese beiden von Plotin so strikt kontrastierten Vorstellungen überein. Aber kann Sein beiden in derselben Qualität zugesprochen werden? Müsste dann nicht wenigstens eingeräumt werden, dass es dem Einen immer, dem Vielen hingegen nur vorübergehend zukommt, dass es vom Einen verursacht, vom Vielen jedoch nur empfangen wird? Wird Plotins Gleichsetzung des Einen mit dem Ersten schlechthin berücksichtigt, scheinen sich diese Fragen als durchaus berechtigt aufzudrängen. Das Erste wäre dann ja ein Sein, das

– selbst unentstanden und damit den Bedingungen der Kausalität enthoben – Ursache alles Seienden ist. Die Notwendigkeit, eine solche erste Verursachungsinstanz anzunehmen, ließe sich etwa durch die Überlegung begründen, dass alles, was entsteht, von einem bereits Bestehenden bewirkt sein muss. Da es den Forderungen der Logik widersprechen würde, diese Folge von Ursache und Wirkung, bei der die Ursache wieder Wirkung einer anderen Ursache ist, unbegrenzt fortzuführen, muss es ein absolut Erstes, eine absolut erste Ursache geben. Diesen Gedankengang entwickelte Aristoteles in seiner *Metaphysik* ausführlich und gelangte schließlich zur Annahme des ersten »Unbewegt Bewegenden«, da er hier die beiden Prozesse der Bewegung und der Verursachung gleichsetzt. Für Aristoteles stellt dieses erste Prinzip eine Notwendigkeit des Denkens dar, das nach seinem eigenen Verständnis logisch korrekten Operierens den Ursprung allen Entstehens aus der Kenntnis kausaler Verhältnisse muss ermitteln können. Die Notwendigkeit eines solchen ersten »Unbewegt Bewegenden« ist im aristotelischen Verständnis somit erwiesen; ob dieses auch von dessen tatsächlicher Existenz behauptet werden darf, ist nicht ohne weiteres mit derselben Bestimmtheit zu erklären. Es gibt in der *Metaphysik* des Aristoteles die wenigen berühmten und vieldiskutierten Zeilen, in denen er von Gott spricht – ob er diesen tatsächlich mit dem Verursachungsprinzip identifiziert wissen will, bleibt letztlich interpretative Spekulation.

Die starke Überzeugungskraft, die dem aristotelischen Argumentationsgang in jedem Fall attestiert werden muss, könnte nun dafür sprechen, ihn auch zum Beleg der Notwendigkeit des einen Ersten im Sinne Plotins zu nutzen. Muss nicht auch hier etwas angenommen werden, was der Vergänglichkeit und dem ununterbrochenen Wandel des Seienden enthoben ist und so dessen Entstehen verursacht? Wie sich bereits im vorangegangen

Kapitel angedeutet hat und in den Betrachtungen zur Emanation (= Hervorgehen aller Dinge aus dem Einen) zeigen wird, lassen sich in den Schriften Plotins durchaus zahlreiche Nachweise finden, die für ein solches Verständnis des Einen sprechen und dessen notwendige Existenz fordern. Neben diese Herleitung des Einen, die letztlich ebenso wie bei Aristoteles rationaler Natur ist, tritt in Plotins Texten eine andere Begründung seines Bestehens – nicht als Ursache, sondern als Sein. Vielleicht ist diese Unterscheidung zunächst noch wenig nachvollziehbar, da natürlich eingewendet werden kann, dass das Erste auch als Sein Ursache des Seins vom Vielen ist. Es wäre völlig unsinnig, die Richtigkeit dieses Einwandes bestreiten zu wollen, denn ohne Zweifel ist das Sein als solches immer Grund dafür, dass Seiendes überhaupt ist. Darüber hinaus spricht eine weitere Beobachtung für die grundsätzliche Ähnlichkeit des aristotelischen und des plotinischen Verständnisses vom ersten Prinzip. Sowohl das erste »Unbewegt Bewegende« als auch das erste Eine entziehen sich jedem Versuch, sie mit dem Bewegt-Seienden direkt zu vergleichen, weil sich beide als das radikal Andere erwiesen haben. Gerade an diesem Punkt deutet sich jedoch ein Aspekt an, in dem das Denken Plotins von jenem des Aristoteles abweicht, indem es ein erweitertes Verständnis von Wirklichkeit eröffnet. Das unbewegte Bewegungsprinzip der aristotelischen *Metaphysik* wird als das notwendig Andere der kausal bestimmten Wirklichkeit immer äußerlich bleiben müssen, da anderenfalls deren Entstehen infrage gestellt wäre. Wie soll überhaupt etwas entstehen, wenn die unabdingbare erste Ursache in den Wechselbereich von Ursache und Wirkung, der ja als die Wirklichkeit angesehen werden kann, hineingezogen würde? Zwischen der ersten Ursache und dem ersten Verursachten besteht nach aristotelischem Vorbild lediglich die Relation der Kausalität, also der Wirksamkeit. Es kann daher mit Recht gefragt werden, was

Aristoteles als »wirklich« bezeichnen würde: das Verursachende, das Verursachte oder deren Gesamtheit. Der ontische Bruch, der sich zwischen dem Verursachenden und dem Verursachten zeigt, legt die Vermutung nahe, dass Aristoteles die Vorstellung einer Gesamtheit des Wirklichen schwerlich hätte begründen können.

Plotin hat im Vergleich zu seinem berühmten Vorgänger in dieser Frage einen geringfügig größeren gedanklichen Spielraum. Zwar gibt es auch in seinem Denken genügend Hinweise darauf, wie stark sich das Eine und das Viele voneinander unterscheiden, so unter anderem in der Weise ihrer Wirksamkeit. Und doch ist für Plotin der Bruch zwischen beiden längst nicht so krass, da das Eine und das Viele im Sein übereinstimmen. Sie mögen sich durch all ihre Attribute bzw. durch ihre völlige Attributlosigkeit unterscheiden, differieren so aber lediglich auf der Ebene möglicher Eigenschaften, nicht in der Tatsache ihrer Substanzialität. Eines und Vieles sind nur in ihrem So-Sein, nicht jedoch in ihrem Sein unvergleichbar. Als Wirklichkeit kann daher auf der Grundlage der plotinischen Schriften das Ganze des Seins betrachtet werden.

Sogleich stellt sich dann die nächste Frage: Wie kann der Mensch zur Gewissheit des Seins gelangen? Das erste »Unbewegt Bewegende« des Aristoteles war auf dem Wege der rationalen Folgerung ermittelt worden; der Mensch musste die Forderungen seines Denkens konsequent zu Ende führen und gelangte zum Begriff der ersten Ursache. Für den Beleg des plotinischen Einen ist zunächst eine vergleichbare Folgerung zu ziehen: Wenn alles Seiende ist, muss dessen So-Sein sich auf der Grundlage eines gemeinsamen Seins entfalten. Erstaunlicherweise finden sich in Plotins Texten recht selten Argumentationen dieser Art; stattdessen wählt er eine andere Möglichkeit, um den Menschen von der Tatsache des Seins als des Einen zu überzeugen. Er zeigt, dass sich der Mensch des Seins bewusst werden kann, wenn er darüber Klarheit zu erlangen sucht, was sein eigenes Wesen sei. Das Streben nach Selbsterkenntnis führt den Menschen nicht nur zu der Vorstellung seines So-Seins, sondern darüber hinaus zum Begriff des Seins schlechthin. Im Prozess eines solchen Forschens nach dem, was als das unverwechselbar Individuelle und was als das allen Menschen und allem Seienden Gemeinsame betrachtet werden kann, findet der Mensch zweierlei: eine in der Philosophiegeschichte noch recht ungewöhnliche theoretische Fixierung des Ich und jenen Begriff, der sich dann als das Zweite nach dem ungeteilten Einen innerhalb des plotinischen Emanationsschemas erweist – den Geist. Vielleicht mag es verwundern, das Fragen nach dem eigenen individuellen Mensch-Sein sofort mit der Frage nach dem Geist einzuleiten, wo doch jede primäre Selbstwahrnehmung des Menschen und jede erste Orientierung über das eigene Sein in der Welt über die Sinne erfolgt, die traditionellerweise der Seele, nicht jedoch dem Geist zugewiesen werden. Plotin folgt dieser Einteilung natürlich ohne Einschränkung; auch für ihn wäre unmittelbares Eigenerleben dem Menschen ausschließlich über die Sinne und die Emotionen möglich. In dem Augenblick, in dem das Individuum dann allerdings nach den Bedingungen seines bestimmten Seins zu fragen versteht, agiert es bereits als Geist und versucht, sich über diese Art des Agierens bewusst zu werden.

Plotin ist bestrebt, diese Tätigkeit des menschlichen Denkens sehr präzise zu fassen, sodass er sie zunächst in ihrer Relation zum Wirken der Seele betrachten muss. Die gesamte Untersuchung dieses Themas einleitend, fragt er daher: »Soll der Geist nun lediglich die geistigen Dinge oder auch sich selber erkennen als den, der diese Dinge erkennen soll? Soll er sich selber etwa nur insoweit erkennen, daß er lediglich diese seine Inhalte erkennt, nicht aber erkennt, wer er ist, der da erkennt [...]

nicht aber auch noch erkennt, wer er dabei ist? Oder erkennt er sowohl seine Inhalte wie auch sich selber?« (V, 121) Die eindeutige Unterscheidung zwischen dem Gedachten einerseits und dem Denkenden bzw. dem Denken andererseits, die Plotin hier anspricht und zur weiteren Klärung aussetzt, entspricht dem zumindest seit Aristoteles innerhalb der griechischen Philosophie üblichen Verständnis. Das Denken ist das rein rationale Vermögen, eine Fähigkeit, die, solange sie keine bestimmte Aufgabe hat, bloße Möglichkeit bleibt. Ergreift das Denken jedoch einen Gegenstand, indem es etwa eine Frage zu beantworten sucht oder eine Information der Sinneswahrnehmung bearbeitet, wird aus der Möglichkeit Aktualität, also tatsächliche Aktivität des Denkens. Denken ist in dieser Auffassung immer an das Bestehen eines Gegenstandes gebunden, um als aktiv betrachtet werden zu können. Selbst ein Denken, das sich nicht auf jene Wahrnehmungsbilder der Außenwelt richtet, die die Sinne dem menschlichen Geist zur Kenntnisnahme bereitstellen, indem es sich auf seine eigene Tätigkeit beziehen will, hat demnach doch einen Gegenstand – sein eigenes Wirken. So formuliert denn Plotin in völliger Übereinstimmung mit der Tradition:

»Was nun ihr [der Seele] Wahrnehmungsvermögen betrifft, so sind wir geneigt, ohne weiteres zu behaupten, daß es sich nur auf die Außendinge richtet [...]. Was aber das Verstandesvermögen in der Seele angeht, so vollzieht es die Überprüfung der aus der Wahrnehmung stammenden Bilder, indem es sie zusammenfügt und scheidet [...]. Und außerdem verbindet es Bewußtsein damit, es erkennt die neuen, frisch ankommenden Eindrücke gleichsam wieder, vergleicht sie mit den von alters in ihm vorhandenen – ein Vorgang, den wir wohl als Erinnerung der Seele bezeichnen dürfen. Ist damit nun die Fähigkeit des geistigen Organs der Seele am Ende, oder wendet es sich auch auf sich selber zu und erkennt sich selber?« (V, 121)

Es gibt, so zeigen diese Worte Plotins sehr deutlich, eine denkende Tätigkeit des Menschen, die vollständig auf das Verarbeiten der Sinneseindrücke spezialisiert ist. In der weiteren philosophischen Diskussion der mentalen Fähigkeiten des Menschen hat es sich durchgesetzt, diese die Wahrnehmungsergebnisse verarbeitende Aktivität des Denkens als Operation des Verstandes zu bezeichnen, wohingegen das reine Denken und die Konzentration auf das eigene Denken selbst der Vernunft zugerechnet werden. Nicht als erster, doch als einer der einflussreichsten Theoretiker hat Immanuel Kant speziell in seiner *Kritik der reinen Vernunft* aus dem Jahr 1781 diese Differenzierung zweier verwandter, aber funktionsdifferenter intellektueller Vermögen proklamiert. Eine nicht minder eindeutige Unterscheidung nimmt Plotin vor, wenn er, die begonnene Argumentation aufgreifend, das »Überlegungsvermögen« vom reinen Geist unterscheidet:

»Dies Seelenorgan also der diskursiven Überlegung, hat es schon seinerseits die Fähigkeit der Rückwendung auf sich selber? Nein. Indessen es nimmt die Eindrücke, die von oben und von unten zu ihm gelangen, verstehend auf [...]. Aber warum gestehen wir nun nicht diesem Bezirk die Fähigkeit des Sichselber-Denkens zu und sind damit die Sache los? – Weil wir ihm die Aufgabe zuteilten, die Außendinge zu erforschen, womit er vielerlei Geschäft zu treiben hat; für den Geist dagegen fordern wir, daß er nur sein eigen Geschäft zu treiben und nur, was in ihm ist, zu erforschen habe [...]. Aber darf man das dann noch unter ›Seele‹ mitrechnen? – Nein, wir wollen's nicht mehr zur Seele rechnen; dafür aber wollen wir den Geist als unsern ansetzen, gewiß ist er zu unterscheiden vom Überlegungsvermögen und steht eine Stufe höher, dennoch aber gehört er zu uns, auch wenn wir ihn nicht unter die Teile der Seele einrechnen dürfen.« (V, 123 f.)

Von einem Denken, das erst durch einen ihm äußerlichen Gegenstand – sei er physischer oder intellektueller Natur – aktualisiert wird, ist somit jenes zu unterscheiden, das auch einer verwirklichenden Initiierung bedarf, diese aber ausschließlich in der Betrachtung seiner eigenen Betätigung findet. Vielleicht wird bereits an dieser Stelle der Zusammenhang zwischen Sein und Denken, auf den Plotin so viel Wert legt, einsichtig. Das der Seele zuzurechnende Überlegen überzeugt sich in jedem Sinneseindruck, den es bearbeitend aufgreift, von der Realität des Seienden, das wahrgenommen wurde. Das reflexive Denken des Geistes hat im Gegensatz dazu mit der Erkenntnis des Seienden nichts mehr zu tun, sondern kann vielmehr in der Betrachtung seiner selbst in sich bereits das Sein finden, allerdings ein noch zur Verwirklichung anstehendes Sein. Denn wenn ein Geist sich niemals betätigen würde, hätte er nicht die Möglichkeit, den verstehenden Zugang zum Sein zu erschließen, und würde somit unabänderlich auf der intellektuellen Leistungsstufe des Überlegens verharren. Die beiden rationalen Fähigkeiten, die Plotin gegeneinander abgrenzt, richten sich erkennend oder verstehend auf jeweils verschiedene ontische Strukturen. Von besonderem Interesse ist für Plotin die weitere Erwägung der Möglichkeit, wie sich der menschliche Geist, über sich selbst reflektierend, bildet und wie er zum endgültigen Verstehen des Seins gelangen kann. An diesem Punkt seiner Überlegungen angelangt, führt Plotin nun die entscheidende Erweiterung der Geist-Definition ein, zunächst einmal noch recht unvorbereitet, wenn er schreibt:

»Denn dies sind wir: die Betätigungen aber des Geistes kommen von oben, und ebenso die aus der Wahrnehmung von unten; wir aber sind dies Hauptstück der Seele, mitten inne zwischen zwiefachem Vermögen, niederem und höherem, und das ist: Wahrnehmung und Geist. Aber die Wahrnehmung ist nach allgemein zugestandener Meinung immer die unsere, denn wir nehmen immer wahr; beim Geist aber ist das umstritten, einmal weil wir uns nicht immer seiner bedienen, sodann weil er abgetrennt [...] ist. Abgetrennt ist er aber nur, insofern er nicht seinerseits sich zu uns herneigt, sondern vielmehr wir uns zu ihm wenden, indem wir nach oben hinaufblicken.« (V, 125 f.)

Der Geist, der sich laut Plotin in einem Zustand der Abgetrenntheit vom menschlichen Geist befindet, wird hier immer noch im Kontext der Selbsterkenntnis angeführt – ein Umstand, auf den unbedingt hingewiesen werden muss. Spätestens seit den Ausführungen der aristotelischen Seelenlehre und ihrer kontroversen Rezeption ist die Spekulation über einen für sich bestehenden Geist innerhalb der griechischen Philosophie bekannt. So findet sich in Aristoteles' Schrift *Über die Seele* eine Passage, die in recht vager Weise von einem abgetrennten Intellekt spricht und sich daher sofort als Parallele zu den Worten Plotins anbietet. Worin besteht für beide Denker der Reiz dieser Annahme eines Geistes, der völlig frei von jeglicher Anbindung an die menschliche Seele agiert? Für Aristoteles liegt dieses Faszinosum ebenso wie für Plotin in der Möglichkeit, Geist zu denken, der nicht mehr durch sein Objekt von der bloßen Möglichkeit zur aktualen Betätigung veranlasst werden muss, sondern der in jedem Augenblick aktives Denken ist. Für beide Theoretiker stellt sich als Problematik einer solchen Annahme dann jedoch die Frage, ob dieses reine Denken denn unter Umständen sogar als ein kosmisches Wesen zu verstehen ist, dem dann entscheidende Funktionen im Prozess der Weltverursachung und -bewegung zugewiesen werden können. Aristoteles hat die Frage niemals eindeutig beantwortet, sondern ihre überaus komplizierte Klärung seinen Interpreten überlassen, die sich noch bis ins Mittelalter hinein auf keine verbindliche Deutung der entsprechenden Zeilen aus der Schrift *Über die Seele* haben einigen können.

Doch auch Plotins Einschätzung einer möglichen separaten Existenzweise des Geistes lässt sich nicht ohne weiteres nachvollziehen. Da er den Geist-Begriff zunächst im Zusammenhang mit der Frage nach der Selbsterkenntnis des menschlichen Denkens verwendet, soll dieser auch hier näher beleuchtet werden: »Somit gibt es zwei Arten des Selbsterkennens, einmal indem man das Wesen des seelischen Überlegungsvermögens erkennt, eine zweite Art, die über dieser steht, indem man sich selbst erkennt vermöge des Geistes, indem man Geist wird. Vermöge des Geistes denkt man dann sich selber nicht mehr als Mensch, sondern man ist ein gänzlich anderer geworden, man hat sich selber in die Höhe entrückt [...].« (V, 127)

Erneut bestätigt sich, dass dem Menschen zwei gänzlich differente Erkenntniswege offen stehen – der der Sinne und der des Geistes. Auf beiden Spuren vermag der Mensch Kenntnisse von entscheidender Wichtigkeit zu erlangen. Einmal nimmt er sich selbst als Seiendes wahr, das durch seine Sinne der Vielfalt des Seienden verbunden ist; ein andermal begreift der Mensch das Sein schlechthin, an dem er teilhat und das er niemals mittels seiner sensitiven Wahrnehmung hätte erfassen können. Diese letzte Erkenntnis ist aber schon keine Selbsterkenntnis im eigentlichen Sinne mehr, da sie keinen Aufschluss über das jeweilige Individuum gibt, das nach seinem Selbst fragt; sie offenbart dem Menschen vielmehr einen Einblick in das Sein selbst, das allem Seienden zugrunde liegt.

Für den Geist, in dem der Mensch diese tiefe Einsicht in die Struktur der Wirklichkeit erlangt, findet Plotin in anderem Zusammenhang die folgenden Worte: »Der Geist, der wahrhaftig und eigentlich Geist ist: will man von ihm vielleicht behaupten, dass er je trüge und Nichtseiendes glaube? Keinesfalls. Denn wie könnte er noch Geist sein, wenn er geistverlassen wäre? Er muß also immer wissen, darf nichts je vergessen; und sein Wissen darf nicht auf Vermuten beruhen, noch zweifelhaft sein, noch auch andererseits von einem andern stammen, von dem er es gleichsam gehört hätte [...]. Denn dann weiß er immer und weiß wahrhaftig, er vergißt nichts und braucht nicht suchend umherzulaufen, die Wahrheit ist in ihm: so ist er Fundament für das Seiende, so hat das Seiende Leben und Denken.« (III, 71/77)

Was könnte das »Fundament für das Seiende« aber anderes sein als das Sein? Und was sonst könnte das Seiende in dieser Weise zu einem lebendigen Seienden machen, indem es der Grund seines Seins wie auch seines So-Seins ist? Der Geist, der sich so seiner selbst als seiend bewusst wird, ist aber immer noch Denken seiner selbst; in ihm besteht noch die notwendige Differenz zwischen dem Denkenden und dem Gedachten, die unabdingbare Voraussetzung jeglichen selbst denkenden Prozesses ist, auch wenn Plotin sie im Denken des Geistes in einer Identität auflöst.

»Mithin ist also Eines Geist und geistiger Gegenstand, und dies ist das Seiende, das Erste Seiende, und zugleich der Erste Geist, welcher die seienden Dinge besitzt, oder vielmehr mit ihnen identisch ist.« (V, 131) Hier zeigt sich nochmals, dass die sinnliche Wahrnehmung des konkret Seienden eine völlig andere Erkenntnisart darstellt als das geistige Wissen um das Sein des Seienden. In diesem letzteren Wissen spielt die Vielgestaltigkeit des Seienden keine die Erkenntnis fördernde oder hemmende Rolle mehr, da es sich auf den Einheitscharakter des Seienden bezieht – die Tatsache, dass es überhaupt ist. So ist auch der Geist, wie das Eine, von dem Plotin gesprochen hatte, Einheit der Vielfalt, jedoch nicht in dem Maß jenseits aller vorstellbaren Vollkommenheit, wie Plotin es für das Erste Eine beansprucht hatte. Im Gegensatz zu dem Einen ist der Geist des Denkens seiner selbst fähig und sogar hierauf angewiesen, ein Zugeständnis, das auf das Erste Eine unmöglich übertragen werden könnte, da es vollständige Präsenz und unmittelbare Selbst-Gegenwart bei sich ist.

Zur Erläuterung der Selbst-Erkenntnis des Geistes bemerkt Plotin: »Mithin ist also dieses allesamt eins: Geist, Denken des Geistes, gedachter Gegenstand. Ist nun aber das Denken des Geistes der gedachte Gegenstand, und der gedachte Gegenstand eben der Geist selber, so wird er folglich selbst sich selber denken [...]. Unser Gedankengang hat also bewiesen, daß es etwas gibt, das selber im vollen und strengen Sinne des Wortes sich selbst denkt.« (V, 131 f.)

Die Identität von Denken, Denkendem und Gedachtem, die Plotin hier ausdrückt, kann eine Frage provozieren, die nicht verschwiegen werden soll: Wenn es einen Geist gibt, der offensichtlich auf keine Verwirklichung seiner Denkmöglichkeit durch den zu denkenden Gegenstand angewiesen ist, sondern der immer schon aktuales Denken ist, welchen Sinn hat es dann, überhaupt noch auf dessen Selbstdenken zu verweisen? Das Motiv des sich selbst denkenden Denkens, auf das Plotin hier so viel Wert legt, ist innerhalb der griechischen Philosophie keineswegs neu. Vielmehr hat es schon anderen Theoretikern zur Bezeichnung jener höchsten Form des Denkens gedient, deren unübertreffliche Qualität aus ihrem vorzüglichsten Gegenstand resultiert. Jedes Denken ist immer nur so wertvoll wie sein Gegenstand. Das Überlegen etwa, das Plotin den Vermögen der Seele zugewiesen hatte, könnte niemals als vollkommenstes Denken aufgefasst werden, da sein Gegenstand aus dem sinnlich Wahrgenommenen entstanden war und folglich noch sehr viel von dessen möglicher Unsicherheit beinhaltete. Ein Denken hingegen, das sich nur mit Gedanken befasst, wird im Vergleich hierzu qualitativ besser sein, weil die Gefahr, durch mangelhafte Sinneswahrnehmungen fehlerhafte Informationen über das Seiende zu empfangen, hier weitaus geringer ist. Die höchste Form des Denkens ist dann konsequenterweise das Denken des Denkens selbst, also die reine Selbstreflexion, die durch keinerlei Trübung oder Beeinträchtigung mehr gefährdet werden kann. Das Selbst-Denken des Geistes, das Plotin zu belegen sucht, ist mithin Ausdruck jener Reinheit des Denkens, die erforderlich ist, um das Sein des Seienden erkennen zu können. Anders als für Aristoteles, der im sich selbst denkenden Denken die absolute Qualität des Denkens erreicht fand, stellt dieses für Plotin lediglich die relativ beste Form dar. Das Eine muss in seiner undenkbaren Kompaktheit diese Möglichkeit der Reflexion noch übertreffen, die eher wie eine Unvollkommenheit wirken muss. Das Denken muss sich seiner selbst vergewissern, um wahrhaft sein zu können, wohingegen das Sein des Einen immer präsent und sich seiner selbst bewusst ist.

»Jenes dagegen, wie es jenseits des Geistes ist, so auch jenseits der Erkenntnis; und wie es in keinem Stücke irgend eines Dinges bedarf, so auch nicht des Erkennens. Sondern das Erkennen wohnt erst der Zweiten Wesenheit inne [...]. Das aber, was schlechthin einfach ist und wahrhaft sich selber genug, kennt kein Bedürfnis; erst das, was im zweiten Sinne sich selbst genug ist, indem es nämlich nur seiner selbst bedarf, dies bedarf des Sichselberdenkens; das, was sich selbst gegenüber bedürftig ist, erreicht die Selbstgenugsamkeit erst durch seine Ganzheit, indem es aus allen seinen Teilen her zureichend wird und so bei sich selber weilt und zu sich selber hinneigt.« (V, 157 f.)

Die unbedürftige Selbstgenügsamkeit, die dem Einen immer schon eignet, stellt sich für das Denken erst im Verlauf der Selbstreflexion ein. Der Geist muss also dasjenige, das das Eine ist, immer erst auffinden, indem er nach dem Wesen seines Selbst fragt; er kann so das Sein erkennen, das das Eine immer schon ist. Dieses überaus komplizierte und sprachlich fast nicht mehr vermittelbare Verhältnis des Sein-Seins zum Sein-Erkennen versucht Plotin noch durch einen etwas anderen Zugang zu erschließen, indem er vorab erneut auf die generelle Unbeschreibbarkeit des Einen hinweist: »Wie aber können dann wir etwas über Jenes aussagen? Nun, wir sagen wohl etwas über Jenes aus, wir sagen aber nicht Jenes aus, und haben nicht Erkenntnis noch Denken seiner. Und wie können wir über Es aussagen, wenn wir es nicht haben? Nun, wenn wir es nicht in der Erkenntnis haben, so ist das doch kein vollkommenes Nichthaben, sondern insoweit haben wir es, daß wir wohl über es, nicht aber es aussagen können [...]. Es zu haben aber, sind wir nicht gehindert, auch wenn wir es nicht aussagen können [...].« (V, 159 f.)

Über den Geist vermag der Mensch zu sprechen, weil er selbst Geist ist und sich seiner selbst als Geist auf dem Wege der Reflexion bewusst werden kann. In jeder Aussage über den Geist trifft der Mensch also Aussagen über das Sein, das das Geist-Sein überhaupt erst ermöglicht, also über das Eine. Indem der Mensch den abstrakten Gedanken an ein völlig unterschiedsloses Sein fasst, hat er als So-Seiendes Sein und bezeugt so gleichsam dessen Präsenz, ohne sie beschreiben zu können. Denn in jedem einzelnen Augenblick ist der Mensch als ein ganz bestimmtes Individuum, als ein ganz bestimmtes So-Seiendes existent – eine Bindung in die Besonderheit, die nur unter einer einzigen Bedingung zwar nicht gelöst, aber doch gelockert werden kann: dann nämlich, wenn das Denken nach sich selbst fragt und das Sein des Denkens als Antwort empfängt. Dass es sich bei dieser Erkenntnis tatsächlich eher um das Empfangen einer höheren Wahrheit als um das Ergebnis intensiven Denkens handelt, belegen die Worte Plotins, die die gerade zitierten Zeilen fortsetzen: »[...] sondern so, wie die Gottbegeisterten, Besessenen soviel wohl wissen, daß sie ein Größeres in sich tragen, auch wenn sie nicht wissen was, dann aber auf Grund der Erschütterungen, die ihnen zuteil werden, und ihrer Aussagen, in gewisser Weise dessen gewahr werden, der sie hervorruft, obgleich diese verschieden sind von ihm: ebenso, scheint es, stehen auch wir zu Jenem; wenn wir des reinen Geistes habhaft sind, so erahnen wir es, daß dies der innere Geist ist, welcher Substanz verleiht [...].« (V, 161)

Vielleicht ist dieses die einzig angemessene Art, der Unmöglichkeit rationaler Beweisbarkeit und sprachlicher Darstellbarkeit Rechnung zu tragen – einzugestehen, dass der Mensch das ewige Walten des Seins nicht wissen, sondern immer nur mit unzweifelhafter Gewissheit erleben kann. Je deutlicher die verschiedenen thematischen Schwerpunkten gewidmeten Untersuchungen Plotins aber zu erkennen geben, dass hier tatsächlich eine Grenze des Denkens berührt wird, die nicht mehr überschritten werden kann, desto eindringlicher wird sein unablässiges Bemühen spürbar, das nicht mehr Denkbare seinen Schülern dennoch zu vermitteln. Seine Philosophie lässt sich also ganz bewusst auf das doch immer wieder ungeheure Wagnis ein, den Punkt ihres eigenen Scheiterns zum zentralen Gedanken und Kernstück ihrer Lehren zu erklären. Neben die Unterweisung in das zu Verstehende tritt daher in Plotins Schriften immer wieder die Ermahnung zur Bereitschaft, diese »geläufige Meinung umzukehren«: »Jenes Erste aber ist der Urgrund des Seins und doch wieder dem Sein überlegen. Es gilt daher, diese geläufige Meinung umzukehren, sonst wirst du des Gottes leer bleiben [...].« (III, 97) Der Versuch Plotins, das Denken bis zum Punkt seiner notwendigen Umkehr voranzutreiben, scheint tatsächlich einem als immens bedrängend empfundenen existenziellen Bedürfnis zu entspringen, das das Phänomen des Seins zu erklären sucht. Interessant ist dabei besonders, wie viel Wert Plotin darauf legt, das Gewahrwerden des Seins als Erleben zu interpretieren und es der rationalen Ermittlung zu kontrastieren. So ist es sehr einleuchtend, dass dieses Sein sich Plotin nicht auf dem Wege des logischen Beweises zeigt, sondern ausschließlich in dem Prozess der Selbsterkenntnis auffindbar ist.

4. Die Weltseele und die Einzelseelen

Selbsterkenntnis kann daher als der Schlüssel betrachtet werden, der ein Verständnis des gesamten plotinischen Denkens ermöglicht. Dass es sich hierbei jedoch nur um die eine Zugangsweise handelt, wird spätestens bei der Betrachtung der Seelen-Konzeption Plotins offensichtlich. Bislang ist davon ausgegangen worden, dass der Mensch sich der Einheit des Seins und des Bestehens des einen Geistes durch das Erleben seines eigenen Seins und die Frage nach dessen Bedingung bewusst wird. Er erlebt das Seiende um ihn herum, er erlebt sich selbst als den Fragenden und erhält Antwort. Die Begriffe des Einen und des Geistes sind somit ausschließlich subjektiv ermittelt worden, weil sie sich dem Menschen im Prozess seiner Selbsterkenntnis erschlossen haben. Für ein möglichst weitreichendes Verständnis der plotinischen Philosophie sind jedoch zwei Fragen von zentraler Bedeutung, von denen bisher lediglich die erstere berücksichtigt wurde. All seine Ausführungen dienen Plotin dazu, zu klären, *wie der Mensch das Sein erkennt* und *wie Seiendes überhaupt entsteht*. Erleben und Wirken sind daher für ihn die beiden charakteristischen Merkmale der Wirklichkeit, die sich auf die Gesamtheit ihrer Erscheinungen anwenden lassen, zugleich aber auch die beiden wesentlichen Funktionen des wirklich Seienden. Wie stark sich subjektives Erleben und das Wirken des Realen in Plotins Vorstellung wechselseitig bedingen, wird sich im Verlauf der weiteren Rekonstruktion einiger zentraler Aspekte seines Denkens deutlich zeigen. Dabei wird sich immer wieder bestätigen, dass die Verbindung dieser beiden scheinbar so unvereinbaren Merkmale und Funktionen durch den Akt der Selbsterkenntnis gewährleistet wird.

Die Wirklichkeit umspannt Plotins Auffassung zufolge vier Bereiche: das Eine, Geist, Seele und Materie. Alles, was überhaupt nur als seiend und damit als wirklich betrachtet werden kann, lässt sich in einen oder in mehrere dieser Bereiche einordnen und gibt so seine eigene Beschaffenheit zu erkennen. Das Eine hatte sich in diesem Sinne bereits als das absolut Unteilbare und in sich Ruhende erwiesen, das in reiner Form das Sein symbolisiert. Auch wenn das Sein selbst ebenso wenig erfasst werden kann wie das Eine, ist die ontische Präsenz des einen Seins dem Menschen doch zugänglich, weil er sie erfahren kann, indem er sich des Seienden und seines eigenen Seins bewusst wird. Dieses Erleben ist zunächst noch nicht mit dem später einsetzenden Akt des Fragens gleichzusetzen, sondern ist vielleicht am ehesten dem Staunen eines Menschen vergleichbar, dem plötzlich das bisher völlig selbstverständliche Bestehen der Welt und seiner eigenen Person auffällt. Ist ihm so das Geläufige erstmals als Problem erschienen, fragt der Mensch zwangsläufig nach dem Wesen des Weltseins und seines individuellen Seins. In diesem Fragen erkennt er sich selbst als Geist, denn er wird sich der Tatsache bewusst, dass es sein eigenes Denken ist, das diese Frage artikuliert. In diesem Augenblick zeigt sich die komplexe Doppelstruktur des plotinischen Wirklichkeitsverständnisses in ihrer ganzen Tiefe. Der Mensch erkennt sich selbst als den Fragenden, dessen Geist das Wesen des Seins zu ergründen sucht, und bestätigt damit zugleich das Wirken des Geistes schlechthin. Aus dieser Tatsache kann Plotin seine berühmte Folgerung ableiten, dass der Geist nach dem Einen als das zweite Merkmal der Wirklichkeit angesetzt werden muss. Dass Plotin diesen Geist, der eigentlich zunächst individuell erfahrener Denkakt gewesen ist, dann zugleich zu einer kosmischen Instanz erklärt, der die Vervielfältigung des Seins des Einen zukommt, stellt sicherlich eines der größten Probleme seines Denkens dar und erschwert dessen Verständnis erheblich. Es ist allerdings nachvollziehbar, dass Plotin diese Folgerung ziehen muss, denn natürlich muss ein Denken, das so stark ontologisch argumentiert, auch zu erklären versuchen, wie das vielfältig Seiende aus dem einen Sein entstehen kann. Es entsteht, so erläutert Plotin, durch die Vermittlung des Geistes, indem der erkennende Geist Eines wird. Dieser Ausdruck der Verknüpfung von Erleben und Wirken im Vollzug der Selbsterkenntnis wird nachvollziehbar, wenn die letzte bisher noch nicht erwähnte Möglichkeit menschlicher Eigenwahrnehmung berücksichtigt wird – die Eigenwahrnehmung der Seele.

In der Konzeption der Seele fließen für Plotin alle Motive seiner Wirklichkeitssicht zusammen, denn die Seele ist seiner Ansicht nach Erscheinungsform des Seienden schlechthin. So formuliert er zum Beispiel: »Die Seele also, scheint es, und der Seele Göttlichstes muß ins Auge fassen, wer den Geist erkennen will, und was er ist.« (V, 143) Was also ist die Seele? Wie sich sehr schnell zeigen wird, kann die Frage in der Form gar nicht ohne weiteres beantwortet werden, da Plotin von einer doppelten Bedeutung dieses Begriffes ausgeht. Es gibt die eine umfassende Seele, die dem Einen und dem einen Geist nahe steht, und es gibt die unendlich vielen Einzelseelen, die der Vielfalt des Seienden korrespondieren. Wie schon bei der Erfahrung des Geistes als Einheit führt auch bei der Erkenntnis der Seele als Einheit der Weg über die Untersuchung der individuellen Seele, die Plotin wiederum als Frage nach dem eigenen Seele-Sein des Menschen einführt. Die zu lösende Aufgabe eingrenzend, schreibt er: »Zuvor indessen fassen wir die Seele ins Auge und haben zu untersuchen, ob ihr Erkenntnis ihrer selbst zuzuschreiben ist, was in ihr das erkennende Organ ist und wie die Erkenntnis zustande kommt.« (V, 121) Das Interessante an der Konzeption von Seele besteht nun nicht nur für Plotin, sondern auch für die Interpreten der Seele vor ihm darin, dass in der Vorstellung ihres vermeintlichen Wesens völlig konträre Eigenschaften kulminieren. Einerseits steht sie in unmittelbarem Kontakt zum Körper und den Wahrnehmungen, die die Sinne von den tatsächlich vorhandenen Außendingen liefern; andererseits soll ihr auch das Denken zuzurechnen sein, das einen so abstrakten Gedanken wie den des Einen hervorbringen kann. Aufgrund der Tatsache, dass die Seele des Menschen offensichtlich zunächst nicht ohne ihre Bindung an den Körper betrachtet werden kann, wird ihre Fähigkeit zu reinem Denken jedoch erheblich eingeschränkt. Denn jedes körperliche Empfinden, jede übermäßig heftige Emotion kann das Denken-Wollen der Seele beeinträchtigen oder gar verhindern, sodass vielleicht sogar zu folgern ist, die Seele als gesamtes Wirksystem werde ausschließlich von diesen Beeinträchtigungen beherrscht. Hypothetisch greift Plotin diesen Gedanken auf und artikuliert ihn bewusst provokativ: »Ich glaube, da wir so umgetrieben werden in widrigen Schicksalen und Zwangslagen und in heftigen Erschütterungen der Leidenschaft, die unsere Seele bedrängen, da halten wir all diese Dinge für entscheidend, wir gehorchen ihrem Befehl, lassen uns treiben, wie sie führen: und so sind wir zu dem Zweifel gelangt, ob wir etwa gar ein Nichts sind und nichts in unserer Verfügung steht [...].« (IV, 3 f.)

Würde das gesamte Agieren der Seele in so starkem Maße durch die emotionalen und affektiven Regungen geprägt, müsste ihr tatsächlich jede Art der spontanen und unabhängigen Betätigung abgesprochen werden. Stattdessen müsste ein Versuch, ihr Wesen zu beschreiben, zu dem Ergebnis gelangen, dass die Seele ausschließlich über ein Empfindungsvermögen verfügt, das, auf die jeweiligen Erfordernisse des Körpers in der Umwelt reagierend, das Verhalten des Menschen steuert. Nun soll das Verhältnis der Seele zum Körper aber genau umgekehrt verstanden werden: Die Seele soll sich der Fähigkeiten des Körpers bedienen und diese zur Realisierung ihrer Vorsätze nutzen.

»Indessen haben wir die Seele doch als im Leibe befindlich anzusehen [...], denn erst in der Zusammensetzung aus Leib und Seele ›erhielt das Ganze den Namen Lebewesen‹. Wenn sich nun also die Seele des Leibes als eines Werkzeuges [...] bedient, so besteht keine Notwendigkeit, daß sie die vom Leib herrührenden Affektionen in sich einläßt [...]. Die Wahrnehmung aber müßte sie vielleicht doch zwangsläufig einlassen, wenn anders sie das Werkzeug des Leibes nur gebrauchen kann, indem sie vermöge der Wahrnehmung die von außen kommenden Affektionen erkennt [...].« (V, 277 f.) Wie kann jedoch ein Benutzen ohne Abhängigkeit, wie Plotin es hier für die Tätigkeit der Seele fordert, erlangt werden? Entscheidend an der Auflösung dieser Schwierigkeit ist in jedem Fall, dass Plotin an dem Gesamt von Seele und Körper festhält und damit grundsätzlich auch der durch die körperlichen Sinnesorgane vermittelten Wahrnehmung Bedeutung zuerkennt. So geht es seiner Ansicht nach gar nicht darum, nur der Seele oder nur dem Körper Leben im eigentlichen Sinne zuzusprechen, sondern das Wirken beider Komponenten des menschlichen Lebewesens so zu organisieren, dass es diesem in seiner Gesamtheit zugute kommt. »Wenn nun also das Gesamtlebewesen in den Wahrnehmungen, die sich verwirklichen, zugegen ist, dann muß das Wahrnehmen [...] von der Art sein wie Bohren und Weben, auf daß die Seele beim Wahrnehmen die Stelle des Werkmeisters einnimmt, und der Körper die des Werkzeugs; der Körper erleidet eine Einwirkung und ist der Dienende, und die Seele nimmt die Prägung, die dem Körper widerfuhr, in sich auf [...].« (II, 229) Wenn davon auszugehen ist, dass die Seele in diesem

Leben nur in Verbindung mit dem Körper zu sein vermag, dann können sich die Vermögen der Seele, beispielsweise ihr Erkennen, auch nur durch den Körper und seine Sinne als Träger des Erkenntnisvermögens realisieren.

»So ist es denn vielleicht besser anzunehmen, daß ganz allgemein durch das Vorhandensein der Seelenvermögen ihre Träger es sind, die nach diesen Vermögen sich betätigen, während die Vermögen selber unbewegt bleiben und den Trägern nur die Möglichkeit der Betätigung gewähren. Indes, wenn das so ist, dann ist es unmöglich, daß, wenn das Lebewesen affiziert wird, die Ursache des Lebens, die sich dem Gesamtwesen hingibt, selber affektionsfrei bleibt, während die Affektionen und die entsprechenden Betätigungen dem Träger gehören. Wenn das aber so ist, dann kann auch das Leben schlechthin gar nicht der Seele gehören, sondern dem Gesamtlebewesen!« (V, 285)

Erneut bestätigt sich in diesen Worten, dass Plotin Leben generell als Bewegung versteht, die sich hier als Betätigung des Seelenvermögens der Wahrnehmung durch die Affektionen des Körpers darstellt. Es zeigt sich darüber hinaus, dass eine Seele ohne jegliche Anbindung an einen Körper niemals jene Besonderheit erlangen könnte, die ihr in Verbindung mit ihrem jeweiligen Leib eignet – eine Feststellung, die zweierlei andeutet: Plotin hält das isolierte und körperfreie, dadurch aber völlig überindividuelle Bestehen der Seele für möglich und weiß zugleich, dass sich menschliches Leben immer als individuelles realisiert. Jede Verbindung von Seele und Körper konstituiert ein besonderes Lebewesen, das sich auch als solches selbst erleben kann. In diesem Kontext greift Plotin abermals die Frage nach der Selbstwahrnehmungsfähigkeit des Menschen auf und konstatiert:

»Indessen, wie kann man nun sagen, daß ›wir‹ es sind, die wahrnehmen? Nun, insofern ›wir‹ nicht abgetrennt sind von dem so beschaffenen Lebewesen; auch was bei uns sonst noch Wertvolleres zur gesamten, aus vielem bestehenden Wesenheit des Menschen gehört, ist ja bei dem Lebewesen zugegen. Ferner braucht das Wahrnehmungsvermögen der Seele sich keineswegs auf die sinnlich wahrnehmbaren Dinge selber zu erstrecken, sondern es hat vielmehr lediglich die Abdrücke aufzufassen, welche von der Wahrnehmung her im Lebewesen sich bilden; denn sie sind bereits geistiger Art. Mithin ist die äußere Wahrnehmung eine Abbildung von dieser, sie aber ist ihrem Wesen nach die wahrere Wahrnehmung, sie ist ein Anschauen von reinen, ideellen Gestalten ohne Affektion. Dies nun sind die Gestalten, von denen die Seele die alleinige Lenkung des Lebewesens übermittelt erhält; und aus ihnen erwachsen denn auch die Gedanken und Meinungen und die Denkakte. Und so liegt hier der eigentliche Ort unseres ›Wir‹; was hiervor liegt, ist ›unser‹, ›wir‹ aber sind erst das, was von hier ab nach oben hin liegt und dem Lebewesen vorsteht.« (V, 287)

Die mittlere Position der Seele zwischen reiner Geistigkeit und reiner Körperlichkeit sowie die Prägung ihrer Funktionsweise durch diese Stellung werden in diesen Ausführungen Plotins sehr deutlich beschrieben. Im Wahrnehmen der Seele erfolgt die entscheidende Transformation vormals sinnlicher Wahrnehmungsbilder zu geistig nutzbaren Wahrnehmungsinhalten – eine Umformung oder auch Abstraktion, die ausschließlich durch die Art bedingt ist, in der die Seele die körperlichen Organe zu nutzen versteht. Weil die Seele neben dem Vermögen der Wahrnehmung jenes des Denkens umfasst, zieht sie aus dem ursprünglich sinnlichen Erfassen das geistige Erkennen. Für die Selbsterkenntnis des Menschen bedeutet dies, dass sie zwischen einem Seele-Sein und dem eigentlichen Geist-Sein unterscheiden kann, ersteres aber unbedingt der Bestimmung der individuellen Person zurechnen muss. So klar auf der einen Seite der qualitative Unterschied zwischen Wahrnehmen und Denken ist, den Plotin auch in keiner Weise leugnet, so interessant ist auf der anderen Seite seine Feststellung, dass beide Formen zum Erfassen individuellen Mensch-Seins vorerst unverzichtbar sind. Im Prozess dieses

Erfassens zeigt sich dann jedoch dieselbe Wendung, die bereits im Zusammenhang der Seins-Erkenntnis den Gedankengang Plotins hat verdeutlichen können. Den Ausgangspunkt der Eigenwahrnehmung des Menschen bildet das Gewahrwerden seiner Affektionen; erst das Fragen nach den Bedingungen dieser Regungen, Empfindungen und Veränderungen führt das Erkennen zum Begriff des Geistes. Die Betrachtung der Seele und die Untersuchung ihrer Beschaffenheit und ihrer Fähigkeiten vermitteln in diesem Fall das bloße Gewahrwerden mit der begründenden Frage, sodass Plotins Bemerkung, man müsse die Seele betrachten, um den Geist zu finden, nun vielleicht etwas verständlicher wird. Die Seele »sieht sich selber als Abbild von Jenem [dem Geist] an, ihr eignes Leben ist ein Nachbild und Gleichnis von Jenem, und wenn sie Es denkt, wird sie [...] geistartig; und wenn einer Auskunft verlangt von ihr, von welcher Beschaffenheit Jener vollkommene und gesamte Geist ist, der ursprünglich sich selber erkennt, so tritt sie zunächst selber in den Geist ein oder gibt dem Geist Raum, sich in ihr zu verwirklichen – dann weist sie sich selber vor als im Besitz dieser Dinge, von denen die bei sich eine Erinnerung erhielt, so daß man vermittels der Seele als eines Nachbildes in gewissem Sinne den Geist erblicken kann [...].« (V, 143) Am Beispiel dieser Formulierung Plotins lassen sich noch einmal sehr schön die beiden Facetten seines Denkens rekonstruieren. Der Geist erschafft die Seele als sein Abbild, wodurch diese überhaupt erst in die Lage versetzt wird, denken zu können; gleichermaßen denkt sich aber die Seele selbst, weil sie sich als Geist denken kann und im Sich-selber-Denken sogar Geist wird. Der Möglichkeit, ein gesondertes Entstehen durch Bewirken zu beobachten, steht immer die Möglichkeit gegenüber, dieses Entstehen als Verwirklichung zu begreifen. Ist dann die Seele, weil der Geist sie bewirkt hat oder weil sie den Geist in sich verwirklicht hat? Es ist vielleicht gar nicht notwendig, in diesem Zweifelsfall eine definitive Antwort zu suchen, da für Plotin beide Aspekte seines Wirklichkeitsverständnisses zusammenspielen und den Eindruck von dessen einheitlicher Geschlossenheit fördern.

Im Zusammenhang einer Kontrastierung von verschiedenen Einzelseelen und der sie alle umschließenden Konzeption der All-Seele findet sich eine äußerst aufschlussreiche Formulierung Plotins, die bestens dazu geeignet erscheint, das Verhältnis von Erkennen und Werden, das so schwer nachvollziehbar ist, zu explizieren: »Und faßt man das Wesen der Seele schlechthin ins Auge, so sind auch hierin die Unterscheidungen aufgezeigt worden [...], daß sie gewiß alle die sämtlichen Vermögen haben, jede einzelne sich aber unterscheidet nach dem in ihr wirksam werdenden Vermögen; dies aber liegt darin, daß die eine mit dem Geist sich eint durch Wirksamkeit, die andere in Einsicht ist und wieder eine andere im Streben danach; und daß sie sich unterscheiden dadurch, daß jede wieder auf etwas anderes schaut und das, was sie schaut, ist und wird [...].« (II, 183)

Diese verschiedenen Formen der Vereinigung von Einzelseele und All-Seele, die Plotin hier ausführt, richten sich allein nach dem Maß, in dem das Allgemeine sich in der jeweils speziellen Aktionsweise der Seelen verwirklicht. Angesichts einer solchen These ist es gerechtfertigt, nochmals darauf hinzuweisen, dass Plotin beide Seelen-Aggregate – das Allgemeine und das Besondere – als wirklich erachtet und eine Differenzierung lediglich darin gegeben sieht, dass die Einzelseelen die Verwirklichung ihres Seele-Seins jeweils speziell zu leisten haben, wohingegen Sein der Weltseele schlechthin in ähnlicher Weise zukommt wie dem allgemeinen Geist oder dem umfassenden Einen. Das schwierige Problem, wie denn aus der komplexen Einheit die Vielheit hervorgehen kann, löst sich bei einer solchen Theorie weitgehend auf, insofern Eines und Vieles einer einzigen gemeinsamen Wirklichkeit und einem gemeinsamen Sein angehören, dieses jedoch in unterschiedlichen Aktualitätsgraden repräsentieren. So ist es denn kein Widerspruch mehr, wenn Plotin an anderer Stelle davon spricht, dass das Unteilbare teilbar wird – ein Gedanke, der zugleich die vermittelnde Position der Seele zwischen dem Geist und den Körpern noch einmal zu verdeutlichen hilft.

»Während also auf der einen Seite dies primär Unteilbare steht, das in der geistigen Welt und unter den wahrhaft seienden Dingen Anführer ist, und auf der anderen Seite das durchaus Teilbare in der sinnlichen Welt, gibt es noch eine von ihnen verschiedene Wesenheit, die über dem Sinnlichen steht, jedoch ganz in seiner Nähe, ja in ihm; diese ist nicht primär teilbar wie die Körper, aber sie w i r d teilbar an den Körpern [...]. In welchen Körpern sie sein mag [...], so verliert sie, wenn sie sich dem ganzen Körper hingibt, nicht das Einssein [...]. Sie hat keine Größe und ist doch bei aller Größe, sie ist hier und ist auch wieder da, nicht mit einem andern Teil sondern mit demselben.« (I, 95 f.)

Diese Bestimmung des Einen, das trotz aller Vervielfältigung doch Eines im Vielen bleibt, hat sich bereits als Plotins Erklärung der Relation vom Sein zum Seienden erwiesen; bei der Erläuterung des Wesens der Seele wiederholt Plotin sie und zeigt damit, dass sie tatsächlich allgemeine, sich auf die gesamte Wirklichkeit beziehende Gültigkeit beanspruchen kann. »So ist denn in diesem Sinne die Seele EINS UND VIELES, die Formen an den Körpern VIELES UND EINS, die Körper nur VIELES, das Höchste aber nur EINS.« (I, 101) Der Geist, der in dieser Aufzählung keine explizite Erwähnung findet, ließe sich am ehesten mit der Seele vergleichen, denn auch er ist einer, der vermittels der Seele vervielfältigt, aber nicht vervielfacht wird. So wird denn erneut sichtbar, dass die beiden Wesenheiten, die Plotin in der Abstufung ihres Entstehens auf das Eine folgen lässt, in der doppelten Struktur zu denken sind, die sie einmal als Einheit, ein andermal als Vielheit erscheinen lässt.

Auf den Geist bezogen, kommentiert Plotin den Prozess der Diversifizierung an einer Stelle so: »Der Geist bleibt in seiner Ganzheit ewig dort oben, er kann niemals über seinen eignen Bereich hinaustreten, ganz und gar dort oben eingesiedelt sendet er uns durch Vermittlung der Seele seine Wirkungen in die untere Welt; die Seele aber ist, da sie ihm näher ist als das andere, abgestimmt auf die von oben wirkende Gestalt; sie leitet sie weiter zu denen unter ihr, und zwar die eine [...] beständig, die andern [...] wechselnd [...].« (II, 199)

Da die Mannigfaltigkeit der Einzelseelen, die aus ihrer differenzierenden Bindung an die jeweiligen Körper resultiert, in der Tatsache ihres gemeinsamen Seele-Seins kulminiert, wird zumindest in dieser Hinsicht der Gedanke einer allgemeinen Einheitsseele verständlich. Für Plotin kommt dieser Vorstellung aber darüber hinaus, wie bereits angedeutet, kosmische Bedeutung zu, insofern sich hinter dem Begriff der Weltseele die der Vernunft zugängliche geordnete Struktur des Universums verbirgt. »So sind wir denn berechtigt, der Weltseele die gleichbleibende Vernunft zuzuschreiben; sie ist gewissermaßen die unveränderliche Vernunft des gesamten Kosmos, vielfältig und mannigfach, und doch wieder einfach, sie gehört zu dem einen großen Gesamtorganismus, sie wandelt sich nicht durch die Vielheit, sondern ist eine einheitliche Formkraft und zugleich alle Formkraft [...].« (II, 267) In diesem Gesamtorganismus, den Plotin hier beschreibt, fungiert die Seele gleichsam als der dauerhafte Garant seiner Einheit. Sie sorgt dafür, dass zwischen der Einheit des Einen und des Geistes und der Vielfalt des Seienden kein Bruch innerhalb der ontischen Ordnung eintritt, der es erforderlich werden ließe, von zwei Bereichen der Wirklichkeit zu sprechen. So verbindet Plotin mit dem Bild der Seele in ihrer Doppelgestalt immer wieder die Vorstellung der Einwurzelung in beiden Kontexten des Seins und damit der Wirklichkeit. Er ist davon überzeugt, dass diese Mittlerposition ihr sowohl in menschlicher wie in kosmischer Dimension zufällt. Ebenso wie die Einzelseele des Menschen sein individuelles Denken mit seinem Körper und dessen Affektionen verbindet, verknüpft die Weltseele den universellen Geist mit dem konkret Seienden und bestätigt dadurch den vernünftigen, das heißt den geordneten und einheitlichen Gesamtaufbau der Wirklichkeit.

Immer wieder durchdringen sich bei den Ausführungen zu diesem Themenkomplex Plotins Auffassungen des Entstehens und des Erkennens, insofern hier das Erkennen des Geistes durch die Seele dessen Vielfalt realisiert und dadurch das vielgestaltige Sein der Seele setzt. »Da also die Seele vom Geist stammt, ist sie nur geist h a f t, ihr Geist bewegt sich in Überlegungen, ihre Vollendung erhält sie erst wieder vom Geist [...]. So kommt also der Seele die Existenz vom Geist; es besteht aber auch die Verwirklichung ihres Begriffes darin daß sie den Geist schaut. Denn wenn sie hineinblickt in den Geist, so hat sie das was sie denkend verwirklicht, in sich selbst als ihr Zugehöriges, und das allein darf man t ä t i g e Verwirklichung der Seele nennen, was sie geistmäßig und als ihr zugehörig verwirklicht [...].« (I, 215 f.) Formulierungen wie diese zeigen deutlich, wie sehr sich Plotin darum bemüht, die wechselseitige Durchdringung der verschiedenen Aktualitätsgrade des Seins zu illustrieren. Verursachung ist seiner Ansicht nach kein eindimensionaler Vorgang, in dessen Ablauf ein bis dahin nicht Vorhandenes entsteht. Es kann sogar mit Recht daran gezweifelt werden, dass es in seinem gedanklichen System überhaupt die Vorstellung des Entstehens im Sinne eines Hervorgehens von Seiendem aus einem vorherigen Zustand vollkommenen Nicht-Seins gibt. Manifestiert sich nicht im Gegensatz zu dieser überkommenen Auffassung immer stärker seine Ansicht, dass etwas nur dann entstehen kann, wenn es von einem anderen gedacht bzw. erkannt wird? Und liegt das Erstaunliche der plotinischen Sichtweise nicht gerade darin, dass das Denkende nicht zwangsläufig das Vollkommenere, das dem Einen näher Stehende sein muss? Es wäre zwar nicht falsch, aber doch zu einseitig, wenn etwa das Entstehen des menschlichen Geistes durch die alleinige Kausalität des reinen Geistes erklärt werden sollte, in der dieser etwas hervorbringt, das in der Form zuvor nicht bestanden hat. Natürlich entsteht in dem Prozess, der hier betrachtet werden soll, etwas, doch ist dieser Prozess eher reflexiv als kreativ und das Entstandene eher modifiziert als völlig neu. »So ist also dieser Mensch selber Geist geworden, wenn er alles andere, das er hat, dahinten läßt und vermöge des Geistes in sich auch den Geist schaut, und das heißt sich selber vermöge seiner selbst.« (V, 129)

Auch das Bild des Gesamtorganismus, das Plotin zur Bezeichnung der Wirklichkeit verwendet, legt die Vermutung nahe, dass dieses Wirkliche, das der Organismus ist, als das Sein schlechthin betrachtet werden kann, das nicht in einem Moment nicht gewesen und dann durch die Verursachung des Einen entstanden ist. Entstehen heißt im plotinischen Sinne viel eher Realisieren einer bis dahin nicht aktualen Seins-Möglichkeit, sodass dann jeder Akt des Verstehens des Gesamtorganismus dessen Sein »entbirgt«, um eine Anleihe bei der Terminologie Martin Heideggers vorzunehmen. Die umfassende Wirklichkeit des Seins beschreibt Plotin schließlich in den folgenden Worten: »Im ganzen scheint es, daß das im Seienden befindliche Eine sich dem schlechthin Einen nähert, es fällt aus ihm zusammen mit dem Seienden heraus, und das Seiende, soweit es zu Jenem gerichtet ist, ist Eines, soweit es Jenem aber nachgeordnet ist, ist es das, was auch Vielheit sein kann, während Jenes Eines bleibt [...].« (IV, 201)

5. Die Materie

Dem Sein, das Plotin in allem Seienden und dessen Wirklichkeit realisiert findet, liegt das absolut Unteilbare und in sich ruhende Sein des Einen zugrunde, in dessen Annahme das ontische System Plotins folgerichtig seinen Ausgangspunkt empfängt. Dem einen Gestaltlosen, das Bedingung aller folgenden Gestaltung ist und in diesem Verständnis gleichsam die höchste Konzentration des Seins bedeutet, entspricht ein weiteres Gestaltloses, das quasi die geringste Realisierung von Sein enthält – die Materie.

Auch mit der Behandlung dieses Gegenstandes wendet sich Plotin einem vieldiskutierten Thema der Philosophie zu, das eine ganz besondere Brisanz beinhaltet. Denn von dem jeweiligen Verständnis dessen, was Materie eigentlich ist, hängt die Möglichkeit ab, das erste Prinzip als ewig oder bloß als zeitgebunden Wirkendes zu interpretieren. Speziell für religiöse Deutungen der ersten verursachenden Wesenheit, die als das Göttliche oder als Gott bezeichnet werden soll, stellt die Frage nach dem Wesen der Materie eine nicht zu unterschätzende Schwierigkeit dar: Sie muss zu der Antwort führen, ob Gott die Materie geschaffen hat oder nicht. Diese wäre dann aber nicht eine beliebige Schöpfung unter anderen, sondern symbolisierte aufgrund ihrer Wandelbarkeit und partiellen Vergänglichkeit stets das Unreine, Unwürdige, die Grundlage der Körperlichkeit und damit letztlich auch des sündhaften Verlangens. Wollte man nun behaupten, Gott habe auch den Stoff geschaffen, hieße das zuzugeben, dass auch im göttlichen Wesen Materielles und damit Unreines enthalten sein muss, da es nicht hätte hervorbringen können, wessen es nicht selbst teilhaftig ist. Die Alternative zu diesem Zugeständnis erweist sich als nicht minder irreführend. Natürlich kann behauptet werden, dass Gott in keinerlei, nicht einmal in verursachendem Kontakt zur Materie steht; doch würde das bedeuten, dass der Stoff ebenso wenig wie Gott einen Anfang in der Zeit hat und Gottes alleinige Zeitlosigkeit folglich geleugnet würde, wenn der Stoff ebenfalls ewig wäre.

Auf den ersten Blick könnte es so wirken, als würde Plotins Denken von diesen Folgerungen nicht betroffen, insofern er bisher nicht eindeutig zu erkennen gegeben hat, ob das Eine für ihn den Rang des Göttlichen beanspruchen soll. Selbst dann jedoch, wenn Plotin keine Identifikation von erstem Prinzip und personalem Gottesbild vornimmt, bleibt die Frage nach der Beschaffenheit und der Herkunft der Materie für ihn genauso wichtig wie für Theoretiker mit religiöser Intention. Die Dringlichkeit dieser gesamten Problematik um das rechte Verständnis des Stoffes berücksichtigend, nimmt Plotin eine eingehende Beschreibung der Materie vor, die er wie folgt einleitet: »Die sogenannte Materie denkt man sich als eine Art ›Unterlage‹ und als ›Aufnahmeort‹ für die Formen; diese Vorstellung ist allen gemeinsam die sich einer solchen Wesenheit überhaupt bewußt geworden sind [...]; mit der Frage aber, was diese ›zu Grunde liegende‹ Wesenheit sei und wieso sie aufnehme und was, damit beginnen die Meinungsverschiedenheiten.« (I, 245) Im Bewusstsein der weitreichenden interpretativen Folgen, die sich aus der Deutung der Materie ergeben, macht Plotin zunächst ein überraschendes Zugeständnis, das den indifferenten Charakter des Stoffes betrifft. Die Tatsache, dass der Materie selbst offensichtlich keine definitive Form attestiert werden kann, dass diese allenfalls als momenthafte Formungen gefasst werden darf, muss – so erklärt

Plotin – nicht zwangsläufig zu dem Schluss führen, »daß man das Unbestimmte [...] überall gering achten muß« (I, 247). Solange der Stoff nur dazu taugt, überhaupt Formen aufzunehmen, verdient er bereits eine gewisse Wertschätzung. In dieser ersten Annäherung an die gesamte Problematik nutzt Plotin eine recht offensichtliche Möglichkeit, Materie abzuqualifizieren, nicht. Dementsprechend hat Plotin auch den Körper als Teil der menschlichen Gesamtperson nicht für gänzlich unwürdig erklärt, sondern ihm eine bestimmte Funktion innerhalb des Lebens eines Individuums zuerkannt. Darf daraus jedoch abgeleitet werden, dass Plotin selbst dem Stofflichen in seinen Konkretionen und in seiner Allgemeinheit einen festen Platz im Gesamtorganismus des Seins zuweist? Seine weiteren Ausführungen scheinen diese Mutmaßung zu bestätigen, da er nun Materie in doppeltem Sinne beschreibt: als irdisch und als intelligibel. »Die Materie ferner der vergänglichen Dinge erhält eine immer neue Gestalt, die Materie der ewigen ist aber stets dieselbe und hat stets die gleiche Gestalt. Der irdischen Materie geht es wohl umgekehrt; denn hier unten ist sie der Reihe nach alles mögliche, und jedesmal nur ein einzelnes; so bleibt nichts in ihr, da eine Form die andere hinausdrängt, sie ist also immer verschieden. Die intelligible Materie aber ist alles zugleich; es gibt also nichts in das sie sich verwandeln könnte, denn sie hat schon alles in sich.« (I, 247)

Wenngleich diese intelligible Materie nicht im Einen, sondern ausschließlich im Geist nachweisbar ist, ist diese Annahme Plotins beachtenswert genug. Denn sie bestätigt, dass die ontischen Verwirklichungsgrade des Geistes, der Seele und des Körpers tatsächlich einem einzigen Gesamtbild des Seienden subsumiert werden können und daher eine strikte Differenzierung dieser drei Teilbereiche nicht erzwingen. Damit wäre jedoch durchaus zu rechnen gewesen, da innerhalb dieses Gesamtkomplexes jetzt eine Kontrastierung von Geistigkeit und Materialität erfolgt, die leicht zu einer radikalen Entwertung alles Stofflichen hätte verleiten können. Für Plotin geht es im Augenblick aber wirklich nur um eine Kontrastierung von intelligibler und irdischer Materie, die zunächst wertfrei deren Beschaffenheit bestimmt.

Welche Funktion kommt nun einer als intelligibel zu denkenden Materie überhaupt zu? Plotin verdeutlicht diese Funktion am Beispiel der Ideen. Wenn es im Geist eine unbegrenzte Vielzahl von Ideen gibt, dann unterscheiden diese sich durch ihren jeweiligen Inhalt und stimmen doch darin überein, dass sie allesamt Ideen sind. Das Besondere einer jeden Idee wäre demnach ihre unverwechselbare Gestalt, die dann ein Zugrundeliegendes voraussetzen muss, das je differenziert gestaltet werden kann – eine intelligible Materie. Keine Idee würde in diesem Verständnis aus einem Nichts entspringen und sich voraussetzungslos dem Denken darbieten; sie wäre immer Konkretisierung einer generellen und an sich selbst undifferenzierten Möglichkeit, Idee zu werden. Ob diese Möglichkeit, die Plotin sogar als Substanz bezeichnet, zu irgendeinem Zeitpunkt entstanden oder vielmehr als ewig zu denken ist, ist eine Frage, die sich hier aufdrängt: »Ob aber die intelligible Materie ewig ist, diese Frage ist in derselben Weise zu stellen wie man sie auch bei den Ideen stellen könnte: beide sind entstanden sofern sie einen Ursprung haben, unentstanden sofern ihr Ursprung nicht in der Zeit liegt, sofern sie ewig von ihm bedingt sind, nicht als immer werdende wie unsere Welt, sondern als immer seiende wie die obere Welt. Denn die intelligible ANDERSHEIT welche die Materie hervorbringt, ist ewig, denn sie ist der Ursprung der Materie, sie und die erste BEWEGUNG [...].« (I, 251)

Für die Ideen wie auch für die intelligible Materie bedeutet Entstehen also keine zeitliche Folge aus einem präexistenten Prinzip, sondern das Hervorgehen aus ihrem Ursprung, den Plotin im Falle der Materie ganz eindeutig als das Eine bezeichnet. Dieses Erste ist ja die »intelligible Andersheit«, die gleichermaßen Grund der Materie wie des Geistes ist. Beide sind immer schon im Einen enthalten, das jedoch keiner zeitlichen Kategorie zuzurechnen ist und daher auch kein Sein in die Zeit entlassen kann. Damit gibt Plotin dann allerdings zu, dass der Stoff auch im Einen ist – eine Vorstellung, die die religiösen Theoretiker unbedingt vermeiden wollten. Für Plotin entspringt aus ihr keine allzu große Schwierigkeit, da die Materie im Einen als eine und erst mit dem Geist zusammen als potenziell Vieles erscheint. Vervielfältigt sich der Geist etwa in den Ideen, so vervielfacht sich auch die Materie, die ihrerseits sogar Grundlage der Diversifizierung des rein Intelligiblen ist.

»Ferner, die intelligible Welt ist durchaus und gänzlich teillos, aber doch wieder in gewissem Sinne teilbar. Wenn nämlich die Teile auseinander gerissen werden, so handelt es sich um eine Zerschneidung und Zerreißung, die nur Affektion einer Materie sein kann, denn sie ist diejenige die zerschnitten wird; ist aber der Gegenstand der Teilung zugleich unteilbar und Vielheit, so ist dies Viele, das in dem einen ist, in dem einen als in einer Materie, denn es ist seinerseits die Form des Einen. Denn dies Eine stelle dir vor als vielfältig und vielgestaltig; folglich ist es an sich gestaltlos, ehe es vielfältig ist; denn wenn man die Vielfältigkeit, die Formen, die Begriffe, die Gedanken die in dem Einen sind, wegdenkt, so ist das, was vor diesem allen ist, gestaltlos und unbestimmt, und nichts von dem was an und in ihm ist.« (I, 249)

Dem Stoff fällt dieser Formulierung Plotins zufolge eine doppelte Funktion innerhalb des Prozesses der Differenzierung der vorherigen Einheit des Geistes zu: Er ist das »Material«, das sich teilt, da der Geist in sich keinerlei Unterscheidbarkeit aufweist, und zugleich das Umfassende, das die geteilte Einheit trotzdem noch als ein Ganzes erscheinen lässt. Ohne die Betrachtung der Materie hätte Plotin schwerlich verdeutlichen können, wie denn das so kompliziert zu denkende Ineinandergreifen von Einem und Vielem stattfinden soll, das sich auf allen Ebenen seines ontischen Systems realisiert. Indem er jedoch die Materie in ihren beiden Zustandsweisen des Irdischen und des Intelligiblen als einen Stoff kennzeichnet, der tatsächlich teilbar ist, gewinnt er die Möglichkeit, von einer tatsächlichen Vervielfältigung des Einen zu sprechen. Mehr noch – erst durch diese spezielle Interpretation der Materie wird die plotinische Konzeption des Seins verständlicher. Im Hinblick auf die irdische Materie und ihre Teilbarkeit in verschiedene Körper erklärt Plotin: »Daß es etwas geben muß das den Körpern zugrundeliegt als ein von ihnen Verschiedenes, das beweist einmal die Verwandlung der Elemente ineinander. Denn das sich Ändernde geht nicht völlig zugrunde, sonst würde es ja ein Sein geben das ins Nichtseiende verschwände; anderseits kann das Werdende nicht aus dem schlechthin Nichtseienden ins Sein kommen; sondern es handelt sich um einen Wandel aus einer Gestalt in die andere; dabei bleibt dasjenige, welches die Gestalt des Werdenden aufnimmt und die des Vergehenden verliert.« (I, 253)

Die Vorstellung eines Nicht-Seins findet im Denken Plotins keine Berechtigung, da seiner Auffassung nach Sein immer ist. Das einzige, was überhaupt als Vernichtung bezeichnet werden dürfte, ist daher die Verwandlung von Seiendem, also eine Veränderung am jeweiligen Verwirklichungsgrad des Seins, nicht an diesem selbst. Gerade angesichts einer solchen Einbindung des Stofflichen in das Gefüge des Seienden muss allerdings immer wieder darauf hingewiesen werden, dass die Materie nicht mit dem Einen – dem Sein – identisch ist, sondern erst auf der Ebene des Seienden wirksam wird, dessen Vielfalt sie gewährleistet, indem sie selbst teilbare Einheit ist.

Erneut fragt Plotin: »Welcher Art ist denn nun diese Materie, die als eine und kontinuierlich und qualitätslos bezeichnet wird? Daß sie, wenn anders qualitätslos, nicht Körper sein kann, ist klar; als Körper müßte sie ja qualitätsbestimmt sein [...]. Die Materie darf auch nicht zusammengesetzt sein, sondern einfach und ihrem Wesen nach Einheit; nur so ist sie bar aller Bestimmtheiten.« (I, 255 f.) Ist der Stoff somit als unabhängig von jeglicher Formung anzunehmen und entzieht er sich sogar jeder konkreten Prägung, insoweit sie sein Stoff-Sein gestalten sollte, ist eine Unklarheit nahe liegend, die Plotin selbst artikuliert. Wie kann eine Materialgrundlage, die völlig gestaltlos und daher völlig ausdehnungslos ist, eine spezielle Form aufnehmen und als Körper realisieren, da doch das wesentliche Merkmal jeden Körpers seine Ausgedehntheit ist? Um diesem Einwand entgegenzuwirken, verweist Plotin darauf, dass es sehr wohl möglich sei, als Aufnehmendes selbst frei von Ausdehnung zu sein und doch ein ausgedehntes Seiendes zu tragen. Denn gerade weil die Materie bar jeglicher Bestimmung ist, ist jeder Akt der Teilung dieser undifferenzierten Einheit zur Verwirklichung eines Speziellen gleichbedeutend mit der Aufnahme von Bestimmungen. So spricht nichts dagegen, dass eine dieser der Materie selbst fremden Eigenschaften die Ausdehnung des Körpers ist. »Die Materie empfängt das was sie aufnimmt deshalb in räumlicher Ausdehnung, weil sie die Ausdehnung aufzunehmen fähig ist [...]. So trägt also die Materie auf das Entscheidendste zur Bildung der Körper bei.« (I, 263 f.) Die immense Bedeutung, die daher der Materie für die Vervielfältigung der ursprünglichen Einheit des Seins zufällt, wird schließlich von Plotin dadurch unübersehbar hervorgehoben, dass er nun zum zweiten Male fragt, wie denn ein gänzlich eigenschaftsloses Sein überhaupt Gegenstand des Erkennens sein kann. Dieselbe Frage hat er bereits einmal gestellt – sie galt der Erkennbarkeit des Einen. Wie gewinnt die Seele ihren Begriff der Materie, oder anders formuliert:

»Was ist das also für eine Unbestimmtheit in der Seele? Etwa gänzliches Nichtwissen, Unmöglichkeit jeder Aussage, oder ist das Unbestimmte Gegenstand einer gewissen positiven Aussage, und wie man mit dem Auge die Finsternis als die Materie jedes nicht sichtbaren Dinges sieht, so kann auch die Seele, wenn sie alle Eigenschaften wegdenkt die wie Licht auf den sinnlichen Dingen sind, den Rest nicht mehr bestimmen und es ergeht ihr wie dem Sehen in der Dunkelheit, sie wird in gewisser Weise dem gleich was sie sozusagen sieht [...]. Ist diese Affektion der Seele nicht identisch mit der, wenn sie nichts denkt? Nein, denn wenn sie nichts denkt, sagt sie nichts aus [...]; denkt sie aber die Materie, so wird sie in dem Sinn affiziert, daß sie gewissermaßen einen Abdruck des Gestaltlosen empfängt.« (I, 261)

Dass die Materie als solche nicht sinnlich wahrgenommen werden kann, hat sich bereits an früherer Stelle gezeigt und bestätigt sich in diesem Kontext. Dennoch gibt es eine gewisse Affektion der Seele durch das Materielle. Denn die Körper, die sich mittels des Stoffes bilden, können betrachtet werden, ihr Bild kann die Sinne zur Wahrnehmung veranlassen. Die Erkenntnis der Materie, wenn sie denn überhaupt erfolgen kann, muss aber Produkt des Denkens sein, wie Plotin sehr deutlich hervorhebt. Das Denken fragt, ähnlich wie bei dem Versuch, das Sein zu erkennen, nach dem allem Stofflichen Gemeinsamen und versucht, diesen allgemeinen Kern des Seienden von allen sinnlich fixierbaren Körpermerkmalen zu sondern. Daher arbeitet das Denken mit den Affektionen der Sinne, versucht allerdings, daraus das abstrakte Zugrundeliegende zu isolieren. Das Ergebnis dieses Prozesses besteht dann in dem Wissen um die Notwendigkeit des stofflich Gemeinsamen, das als solches der Wahrnehmung nicht mehr zugänglich ist.

Ein wenig erinnert diese Ermittlung der Materie aus ihrer Notwendigkeit an den aristotelischen Nachweis des ersten »Unbewegt Bewegenden«. Da es das permanente Wirken der Kausalität gibt, muss es ein erstes verursachendes Prinzip geben – so lässt sich die Überlegung des Aristoteles in vielleicht unzulässiger Reduzierung zusammenfassen und dem plotinischen Gedanken gegenüberstellen. Da es materiell differenziert Seiendes gibt, muss es ein undifferenziertes materiell Teilbares geben. Das erste Verursachungsprinzip war für Aristoteles nicht in seiner Eigenheit, sondern in seiner Wirkung wahrnehmbar, so wie auch die Materie für Plotin nicht an sich, wohl aber in ihren Konkretionen wahrnehmbar ist. Ganz gleich, ob dieser Vergleich sich bis ins Detail aufrechterhalten lässt oder sogar als unsinnig erscheinen mag, so hilft er vielleicht zumindest, den Schritt in die Abstraktion zu veranschaulichen, den Plotin über Aristoteles hinaus gewagt hat. Denn wenn dessen Bewegungsprinzip der plotinischen Materie hinsichtlich seines Erkennbarkeitsgrades und der Weise, in der aus seiner Einheit das Viele hervorgeht, vergleichbar ist, dann muss es umso auffälliger sein, dass Plotin jenseits dieser Grundlage der Vervielfältigung der Einheit noch das absolut Eine platziert. Wenn Plotin dieses Eine als das Sein zu denken versucht, kann der aristotelische Beweger es ebenso wenig plausibel erklären wie der Geist oder die Materie Plotins, da diese drei Grundlagen des Entstehens von Seiendem, nicht aber des Seins sind.

Nach all diesen Bemerkungen zum Sein und zur Funktion der Materie muss es als ein völlig unerwarteter Bruch in Plotins Denken erscheinen, dass er eben dieselbe Materie, die Grundlage der Verwirklichung der Einheit ist, als das Böse bezeichnet. Warum greift er in einer ontischen Diskussion so unvermittelt zu einer ursprünglich ethischen Kategorie, um die Materie zu klassifizieren und ihr damit die für ihn einzig denkbare Bestimmung aufzuerlegen? Natürlich könnte die Frage recht unkompliziert unter Hinweis auf die philosophische Tradition beantwortet werden, in der das Stoffliche fast durchgängig als das Minderwertige angesehen wurde. Aber sollte ein Theoretiker wie Plotin, der in so vielen Aspekten seines Denkens noch wenig ausgeformte Wege beschreitet, ausgerechnet in diesem Punkt dem bloß formalen Diktat der Tradition folgen, wenn es nicht inhaltliche Gründe dafür gäbe, die Materie als böse zu betrachten? Schließlich fragt er selbst: »Ist denn Materie noch ein Böses, da sie so am Guten Teil erhält?«, konstatiert dann aber sofort: »Ja, deshalb, weil sie des Guten bedurfte, denn sie hatte es ja nicht.« (I, 277) Wird berücksichtigt, dass der Stoff wie der Geist auf der Ebene des Seienden zu verankern ist, dann wird relativ schnell einsichtig, was Plotin unter diesem Guten versteht, dessen die Materie bedurfte – das Sein, das Eine. Er beschreibt das Gute ebenso, wie er auch das Eine hätte beschreiben können, weil das Gute das Eine ist. »Es ist dasjenige, an das alles geknüpft ist und wonach ›alles Seiende trachtet‹, da es in ihm seinen Urgrund hat und seiner bedürftig ist; selbst aber ist es unbedürftig, sich selbst genug, keines Dinges ermangelnd, Maß und Grenze aller Dinge, und gibt aus sich dar Geist und Substanz und Seele und Leben und Betätigung auf den Geist hin. Bis zu Ihm hinauf ist alles schön: Er selbst ist über dem Schönen und jenseits dieser Herrlichkeiten [...].« (V, 201 f.) Eine Formulierung wie diese scheint bestens dazu geeignet zu sein, das Ergebnis der bisherigen Untersuchung in Frage zu stellen. Sicher – es hat sich gezeigt, dass das Seiende in seiner Gesamtheit einen in sich geschlossenen Komplex bildet, der als Wirklichkeit bezeichnet werden kann. So könnte nun darauf verwiesen werden, dass die plotinische Bestimmung des Schönen diesem Befund nicht widerspricht: Es ist mit ebendiesem Komplex des Seins identisch. Die Rekonstruktion des Materie-Begriffes, so wie Plotin ihn bisher dargestellt hat, veranlasste jedoch zu der Annahme, dass auch die Materie in diesem Gesamt inbegriffen ist und sogar in entscheidender Weise für dessen inneren Zusammenhalt erforderlich ist. Nun konstatiert Plotin dagegen vehement: »Wenn also dies das Seiende ist und das Jenseits des Seienden, dann ist das Böse nicht unter den seienden Dingen enthalten, noch in dem Jenseits des Seienden; denn dies alles ist ja gut. Somit bleibt, wenn anders es überhaupt ist, nur übrig, daß es unter die nichtseienden Dinge gehört und gewissermaßen eine Gestalt des Nichtseienden ist [...].« (V, 203)

Die Charakterisierung der Materie, wie sie sich bisher aus der Betrachtung der plotinischen Texte ergeben hatte, setzte sehr stark auf eine Tatsache, die in diesen Worten offensichtlich geleugnet wird, darauf nämlich, dass Materie niemals als nicht seiend bezeichnet werden kann. Ist alles bisher Erarbeitete somit hinfällig geworden, oder gibt es eine Möglichkeit, diesen scheinbaren Bruch in Plotins Denken plausibel zu erklären? Den Schlüssel zu dieser Möglichkeit gibt Plotin selbst in den obiges Zitat fortsetzenden Worten: »Nichtseiend sei dabei verstanden nicht als schlechthin nicht existierend, sondern lediglich als vom Seienden unterschieden, und zwar nicht in dem Sinne, wie Bewegung und Ruhe des Seienden von ihm verschieden sind, sondern so wie das Schattenbild vom Seienden verschieden ist [...]. Es ist aber nichtseiend in diesem Sinne die ganze wahrnehmbare Welt und alle Vorgänge an ihr« (V, 205), weshalb – so könnte ergänzt werden – die ganze wahrnehmbare Welt als das Böse anzusehen ist.

Wenn noch für einen Moment davon abgesehen werden kann, warum Plotin hier ausgerechnet den ethischen Wertmaßstab des Guten bzw. Bösen thematisiert, lässt sich die Tatsache der Differenzierung zwischen beiden Kategorien relativ leicht begründen. Die Unterscheidung zwischen einem absolut Guten, Schönen und dem Bösen, die Plotin hier in seine Überlegungen einführt, differenziert das Sein vom Seienden, insofern letzteres ein Entstehendes ist. Natürlich implizieren die hier verwendeten Begriffe in ihrer enormen Bedeutungsbelastung letztlich ein Verhaltenspostulat, das Plotin erhebt. Doch vorerst scheiden sie lediglich das Sein, das immer in sich ruhend in der Gänze seiner Aktualität besteht, von jenem vielfältigen Seienden, das sich zu ihm wie das Schattenbild zur Quelle des Lichtes verhält. Während das Licht sich beständig aus sich selbst heraus erhellt und erhält, ist das Schattenbild auf den Lichtschein angewiesen, der es überhaupt erst entwirft. Hierin besteht denn auch der Grund für die so unvermutet auftretende Abwertung der Materie und mit ihr der ganzen wahrnehmbaren Welt – sie vermögen nicht aus eigener Seinsfülle heraus zu sein, sondern sind darauf angewiesen, dass das eine Sein sie an seinem Sein teilhaben lässt. Noch ein weiteres Mal greift Plotin das Gleichnis des Schattenbildes auf, um die Abhängigkeit des Stoffes vom Sein zu veranschaulichen: »Materie also, welche den Figuren, Gestalten, Formen, Maßen und Grenzen zur Unterlage dient, sie, die sich mit fremder Zier schmückt, denn sie hat aus sich selber nichts Gutes, sondern ist nur ein Schattenbild im Vergleich mit dem Seienden, ist vielmehr die Substanz des Bösen [...] und das an sich Böse.« (V, 207) All jenes, was sich dieser Aufzählung zufolge auf die Materie als Grundlage stützt, ist Kennzeichen des vervielfältigten Seins, das sich in speziellen Formen und Gestalten ebenso differenziert wie in begrenzbaren Maßen. Mit der Vorstellung der Materie verbindet Plotin daher eine in sich völlig gegensätzliche Bewertung. Einerseits ist der Stoff der Garant dafür, dass das »Unteilbare Eine« des Seins sich konkretisieren kann, doch andererseits ist die erfolgte Konkretisierung Anzeichen für das Heraustreten der Vielheit aus der Einheit. Obwohl er immer wieder auf den unauflöslichen Zusammenhang beider hingewiesen hat, akzentuiert Plotin jetzt die qualitative Differenz zwischen Einem und Vielem. »So kann man denn zu einer Vorstellung vom Bösen gelangen: es ist gewissermaßen Ungemessenheit gegen Maß, Unbegrenztheit gegen Grenze, Ungestaltetheit gegen gestaltende Kraft und ewige Bedürftigkeit gegen Selbstgenugsamkeit, ist immer unbestimmt und niemals ruhend, jeglicher Einwirkung unterworfen, nie zu ersättigen, vollständige Armut [...].« (V, 205). Alles Unterscheidbare, das seine Eigenheit aus der Materie als seiner Differenzierungsgrundlage empfängt, bildet in dieser Darstellung den extremen Gegenentwurf zum Einen, es zeigt gerade jene Merkmale, die auf das Eine niemals übertragen werden könnten, da es jenseits aller diversifizierenden Eigenschaften besteht. Das Bild der Wirklichkeit als Gesamtorganismus scheint massiv gestört zu sein, da es offensichtlich doch zwei Seinsqualitäten gibt, die nahezu inkommensurabel sind.

Und doch, trotz dieses Auseinanderbrechens der vorher konstruierten Einheit des Wirklichen, hält Plotin an seinem Verständnis des Ganzen des Seins fest. Der Mensch befindet sich aufgrund seiner besonderen Konstitution exakt an jener Position der Wirklichkeit, in der sich das Sein zum Seienden vervielfacht. Bestes Beispiel für dieses Da-Sein im Gegensätzlichen ist die menschliche Seele, die Plotin gleichsam als die ontische Schnittstelle betrachtet. »Nun, erstlich ist eine Seele von solcher Beschaffenheit nicht außerhalb der Materie, noch rein für sich; daher ist sie vermengt mit Ungemessenheit und unteilhaftig der Gestalt, welche ordnet und schmückt und zum Maß hinführt; denn sie ist einem Leibe eingegeben, und der hat Materie. Sodann wird aber auch das Denkvermögen, wenn es Schaden nimmt, am Sehen verhindert durch die Leidenschaften, durch Überdunkelung der Materie [...].« (V, 207 f.) Wenn diese Beeinträchtigung des Denkens durch die Affektionen des Körpers schon möglich ist, ist auch ein ungehindertes Agieren des Geistes in größtmöglicher Distanzierung von jeglicher Bindung an die sensitiven Vermögen der Seele vorstellbar. In der menschlichen Seele kann daher eine Entscheidung von einzigartiger Bedeutung getroffen werden, insofern der Mensch in ihr seine individuelle Seinsweise wählen kann. Spätestens an diesem Punkt der plotinischen Argumentation wird nachvollziehbar, warum er die beiden Begriffe des Guten und des Bösen in seine sonst durchgängig ontologische Betrachtungsweise einführt. Irdisches und speziell menschliches Sein ist nicht immer gleichwertig, es konstituiert sich vielmehr in qualitativer Differenz. Diese ist jedoch nicht ein für alle Mal gültig, sondern kann zumindest partiell durch den bewussten Vorsatz des Menschen revidiert werden. Und nichts anderes als die Fähigkeit zu einer solchen Revision bezeichnet Plotin als Tugend. »Die Bosheit aber nun als menschliche Eigenschaft, wie kann sie der Gegensatz sein zu Jenem Guten? Sie ist ja der Gegensatz zur Tugend, diese aber ist nicht das Gute, sondern ein Gut, welches uns instand setzt, die Materie zu bewältigen.« (V, 213)

Im Gegensatz zum Bösen, das der Materie als solcher von vornherein anhängt und daher deren unveränderliches Merkmal ist, hat der Mensch darüber hinaus die Eigenschaft der Bosheit. Als Lebewesen, das über einen Körper verfügt, partizipiert der Mensch automatisch an der Seinsqualität der Materie, doch als Lebewesen, dem auch das Denkvermögen zu Eigen ist, begreift er diese allgemeine Qualität zugleich als individuelles Charakteristikum. So wirkt es denn, als wäre das menschliche Da-Sein durch das Böse doppelt belastet – im Sinne seiner Natur und seiner Eigenschaft. Wenngleich der Mensch an seinem derzeitigen Sein nichts zu ändern vermag, da ja seine Natur durch seine Körperlichkeit festgelegt ist, kann er aber zumindest seine Eigenschaft der Bosheit ablegen. Das Mischungsverhältnis von Stofflichem und Geistigem, das das menschliche Gesamtlebewesen bestimmt, kann durch die Manipulation dieser Eigenschaft nicht nur positiv verändert, sondern im Idealfall sogar zugunsten des Geistigen vereinheitlicht werden. Das Gelingen dieses nahezu unmöglich wirkenden Vorsatzes, das Plotin dennoch grundsätzlich für praktikabel hält, bedarf allerdings sehr spezieller Verhaltensweisen, die es noch eingehend zu betrachten gilt.

6. Emanation – die Vervielfältigung des Seins

In allen bisherigen Betrachtungen des plotinischen Seinsverständnisses klang die Frage nach dem Entstehen des Vielen aus dem Einen bereits an; hier soll sie einer eingehenden Untersuchung unterzogen werden. Plotin selbst artikuliert die Problematik der Vervielfältigung der ungeschiedenen Ganzheit, denn er ist sich der Tatsache bewusst, dass er mit dieser Theorie der Diversifikation einen Gedanken ausgesprochen hat, der besonderer Erläuterung bedarf. Die Vorstellung, dass ein ursprünglich in sich selbst vollkommen geschlossenes und in sich selbst ruhendes Sein plötzlich anfangen soll, sich zu teilen und Seiendes aus seiner Fülle zu entlassen, verknüpft im Einen und Vielen zwei Kategorien, die sich eigentlich logisch ausschließen müssten. Wie soll also die Möglichkeit ihrer Verbindung begründet werden?

»Woher nun stammt dies Zweite? Von dem Ersten. Denn wenn es durch zufällige Umstände entstünde, so wäre ja jenes nicht mehr der Ursprung aller Dinge. Aber wie kann es denn aus dem Ersten entspringen? Nun, wenn das Erste vollkommen ist, das vollkommenste von allem, und auch die erste Kraft, dann muß es von allen Dingen das Kraftvollste sein und die andern Kräfte, insofern sie kräftig sind, nur ein Abbild von ihm. Nun sehen wir aber wie von den übrigen Dingen alles was zu seiner Reife kommt, zeugt und sich nicht zufrieden gibt in sich zu verharren, sondern ein anderes hervorbringt, und zwar nicht nur was bewußten Willen hat sondern auch was ohne bewußten Willen aus sich wachsen läßt, ja selbst das Unbeseelte gibt soviel es kann von seinem Wesen ab; so wärmt z.B.

das Feuer, der Schnee kältet [...] alle ahmen sie damit nach Kräften dem Urgrund nach [...] wie sollte da das vollkommenste, das Erste Gute bei sich selbst stehen bleiben gleichsam mit sich kargend oder aus Schwäche – welches doch aller Dinge Kraft ist? Wie könnte es dann noch Urgrund sein?« (I, 153)

Bereits in diesen Worten wird ersichtlich, worin Plotin das Band erkennt, das das Eine und das Viele zu einem lebendigen Gesamt zusammenschließt. Es ist das Wirken, das Sein und Seiendem gleichermaßen zukommt und daher jenes Medium ihrer Zusammengehörigkeit und ihrer Vergleichbarkeit trotz aller grundsätzlichen Unvergleichlichkeit darstellt. Dieses gemeinsame Wirken lässt sich Plotins Ansicht nach auf allen Ebenen des Seins beobachten; im planvollen Realisieren einer Absicht ebenso wie in der Fortpflanzung oder in der bloßen Ausstrahlung eines Körpers auf einen anderen. Dort, wo ein Seiendes mit einem anderen in Berührung kommt, beeinflussen sie sich gegenseitig, üben eine Wirkung aufeinander aus – ein Grundsatz, der banal klingt, doch für Plotin den Zusammenhalt des Seins schlechthin gewährleistet und darüber hinaus erklären soll, wie das Eine sich zu vervielfältigen vermag. Jenes Zweite, nach dessen Entstehung Plotin fragt, ist – wie sich bereits gezeigt hat – der Geist, der sich in diesem Kontext erneut als entstanden zeigt, insofern sein Entstehen sein Denken des Einen ist:

»Aber wie kann denn dieser Geist von dem Gedachten stammen? Das Gedachte, indem es bei sich verharrt und nicht bedürftig ist wie das Sehende und Denkende [...] ist dennoch nicht gleichsam bewußtlos, sondern alle seine Inhalte sind in ihm und bei ihm, es vermag sich selber durchaus zu sondern und scheiden, es ist Leben in ihm und alle Dinge in ihm, es ist selbst sein Sichselbstgewahren, gewissermaßen vermöge seines Selbstbewußtseins, es bedeutet ein Denken in immerwährendem Stillestehen, anders als beim Denken des Geistes. Was nun etwa, indem Jenes in sich beharrt, entsteht, das entsteht aus Jenem, und zwar dann wenn Jenes am meisten das ist was es eigentlich ist; bleibt Jenes also in seiner eigenen Wesensart, so entsteht das Werdende zwar aus ihm, jedoch indem Jenes in sich beharrt. Während also Jenes als das Gedachte verharrt, wird das Entstehende zum Denken [...].« (I, 155)

Das Eine ist immer unterschiedslos, denn als das Sein schlechthin besteht es immer in der Fülle seines Seins. Selbst nicht teilbar und nicht veränderbar, kann dieses Erste aber trotzdem Gegenstand des Denkens werden – eine Vorstellung, die Plotin nun problemlos einführen kann, da er an anderer Stelle die notwendige Differenz von Denkendem, Denken und Gedachtem erläutert hat. Indem also das Eine gedacht wird, wird es aktualer Inhalt des Denkens, und dieses gleicht sich dem Gedachten an, weil es das Gedachte in sich verwirklicht, oder um eine andere Formulierung zu wählen, weil es ihm in sich selbst Raum gibt. So realisiert das Seiende, in diesem Fall der Geist, sich als Seiendes letztlich selbst, insofern es das Sein in sich selbst verwirklicht. Gedachtes und Denkendes gehören von Anfang an einem einzigen Sein an. Nur so kann Plotin seine Vorstellung des Entstehens durch das Denken überhaupt mit dem Anspruch auf einige Einsichtigkeit artikulieren. Da das Denken der entscheidende Akt der Verwirklichung des Gedachten ist, darf es dem Ersten keinesfalls zugewiesen werden, denn in ihm ist jegliche Aktualisierung unnötig und sogar unmöglich.

Für Plotin ergibt sich somit folgende Zugehörigkeit: Das Gedachtwerden des ersten Einen resultiert aus seinem Sein, wohingegen das Denken Kennzeichen des Zweiten, des Geistes, als Seiendes ist. Die Erklärung der Verursachung durch das Denken fasst er daher nun noch einmal in der entsprechenden Akzentuierung, indem er stärker auf das Sein eingeht: »Aber wie kann es [das Zweite] aus Jenem während es in sich beharrt, entstehen? Durch die Wirkungskraft; denn die Wirkungskraft jeden Dinges ist teils in seinem Sein beschlossen, teils tritt sie aus seinem Sein nach außen; die in seinem Sein beschlossene ist eben seine eigne aktuale Existenz, die heraustretende muß aus jedem Ding mit Notwendigkeit folgen als eine von ihm verschiedene [...]; während das Oberste in seiner eigenen Wesensart beharrt, gewinnt, erzeugt aus der in ihm liegenden Vollendung, der mit seinem Sein zusammenfallenden Wirkungskraft, eine zweite Wirkungskraft selbständige Existenz, und gelangt [...] zum Sein, zur Seinsheit.« (I, 155 f.) Hat das Entstandene als solches aber stets sein Sein nur aufgrund seiner Fundierung im Sein, das vollkommenster Ausdruck der Lebendigkeit ist, kann Plotin folgern: »[...] das Seiende ist nichts Totes, kein Nicht-Leben und kein Nicht-Denkendes« (I, 157), sondern seiend, lebendig, denkend – Geist. Aus ihm entsteht die Seele, die kraft ihres intellektuellen Teils den Geist zu denken vermag, sodass sich auch in ihrer Entstehung das Muster der Verwirklichung durch Denken bewahrheitet. Auch die Seele kann als seiend betrachtet werden, weil sie, so Plotin, am Sein des Einen teilhat, was es legitimiert, sie als »Teil-Eines« (I, 173) zu bezeichnen. Jedes Seiende partizipiert am Sein und an dessen Einheit, weshalb die Vielheit des Seienden und das eine Sein als seiende Gesamtheit zusammengefasst werden können. Die Seele in ihrer charakteristischen Doppelung zur All- und Einzelseele ist jenes Element der plotinischen Theorie vom Entstehen des Seienden, das die entscheidende Verknüpfung von ontologischer und kosmologischer Betrachtungsweise erlaubt.

Das Bild der Verursachung durch Denken, das Plotin in vielen Variationen genutzt hat, um den Zusammenhalt alles Seienden zu belegen, scheint in dem Moment wenig hilfreich zu sein, in dem nach der Entstehung der Himmelskörper, des ersten Materiellen, gefragt wird. Die plotinische Konzeption der Seele ist daher extrem wichtig, um diese Hürde beseitigen zu können. Als Weltseele denkt sie den Geist und verwirklicht ihn in sich als

Welt, so wie sie auch als Einzelseele den Geist denkt und ihn in sich als leibliches Individuum realisiert. Die Seele ist also sowohl in ihrer Allheit als auch in ihren Vereinzelungen Verursacherin der Welt und ihrer diversen Erscheinungsformen, doch nicht ihre alleinige Ursache. Ursache ist auch der Geist, der als Gedachtes der Seele gleichsam das Material stellt, das sie durch ihre Betätigung verwirklicht. Plotin konstatiert daher ebenso knapp wie konsequent: »So hat denn der Geist, indem er ein Stück von sich in die Materie dargab, still und ohne Erschütterung das All gewirkt.« (V, 45) Das Weltall ist die eigentliche Materialisierung der Allheit des Seins, weshalb es nahe liegt, in ihm dasselbe Verhältnis von umfassender Einheit und differenzierender Vielfalt verwirklicht zu finden, das Plotin bereits im ontologischen Kontext beschrieben hat. Und da sich an der Verschränkung von Sein und Seiendem auch das Phänomen der Zeit in ihrer unteilbaren Teilbarkeit darstellen lässt, muss es sich ebenfalls am Weltall ablesen lassen. In diesem kosmologischen Zusammenhang präsentiert Plotin daher seine Antwort auf die Frage nach dem Wesen der Zeit und der Ewigkeit. Das Verständnis des Weltalls und seiner Konstitution erleichtert in entscheidender Weise das Verständnis jener komplizierten ontischen Struktur, die Plotin der Wirklichkeit zugewiesen hat.

Den Prozess des Entstehens des Himmels und der Erde aus dem Geist durch die verursachende Vermittlung der Seele beschreibt Plotin nun wie folgt: »Aus dieser Himmelsseele aber geht ein Nachbild hervor und ergießt sich gleichsam aus dem oberen Reich, und das schafft die irdischen Lebewesen. Indem nun diese Seele der oberen nachstrebt, aber zu wenig Kraft hat, denn sie muß für ihr Schaffen geringere Körper verwenden und wirkt an einem niederen Ort [...] können die Lebewesen hier unten nicht ewig dauern und die Körper werden nicht in der gleichen Weise von der Seele bewältigt, als stünden sie unter der unmittelbaren Herrschaft der oberen Seele.« (IV, 73) So wie die Allseele in sich ein Abbild des Geistes ist, erscheint die Einzelseele wiederum als deren Nachformung; erstere erschafft den Himmel, letztere – als Einzelseele – ein bestimmtes leibliches Einzelwesen. Da die Allseele in direktem erkennendem Kontakt zum Geist steht, ist das aus ihrer Verursachung hervorgehende Seiende, der Himmel, von weitaus stärkerer Seinskonzentration als das viele Körperliche, dessen Realisierung auf die Einzelseelen zurückzuführen ist. Wer wollte also bestreiten, dass dem Himmel allein durch seine Nähe zum Einen dauerhafte Existenz zukommen müsse? Es besteht von Ewigkeit her, denn obwohl Plotin vom Ersten, Zweiten und den folgenden Etappen der Seinsverursachung spricht, ist diese sich fortsetzende Erzeugung nicht als ein chronologisches Nacheinander zu verstehen. Sollte dies unter Hinweis darauf behauptet werden, dass Plotin hier von einem Zahlenverhältnis spricht, ist dem zu entgegnen, dass die Bezeichnungen des Ersten und Zweiten keine numerische, sondern ausschließlich qualitative Bedeutung aufweisen. Das Erste ist das Vollkommene, das Zweite das sich Vervollkommnende. Der Himmel ist demnach nicht erst entstanden, *nachdem* aus dem Einen der Geist und die Weltseele entsprungen sind, sondern *weil* diese beiden Formungen des Seins entstanden. Plotin vermerkt demgemäß: »Daß ferner das Weltall niemals begonnen hat [...], darin liegt auch eine Gewähr für die Zukunft. Warum sollte es einen Zeitpunkt geben, wo es schon nicht mehr ist? Die Elemente werden ja nicht abgenutzt wie Balken oder dergleichen; dauern sie aber ewig, so dauert auch das All.« (IV, 71) Sind aber das Erste und das Zweite keine Angaben über das Früher und das Später im eigentlichen Sinne, dann fällt es auch schwer, das Ewige als eine Angabe zur Zeitlichkeit zu betrachten. Stattdessen müsste es ebenfalls als eine qualitative Bestimmung zu bewerten sein, die dann ausschließlich dem Einen und seinem Sein zuerkannt werden dürfte. Die folgenden Ausführungen Plotins bestätigen diese Vermutung uneingeschränkt.

»Was haben wir denn nun unter Ewigkeit zu verstehen? Etwa die geistige Substanz [das Eine] selber [...]? Da wir nämlich uns die Ewigkeit als ein Ehrwürdigstes vorstellen und denken, das Ehrwürdigste aber ist, was zur geistigen Wesenheit gehört, und man nicht sagen kann, welche von beiden nun einen höheren Anspruch auf Ehrwürdigkeit hat [...], so liegt es nahe, beide zu identifizieren. Sind doch auch geistige Welt und Ewigkeit beide umschließenden Charakters, und umschließen dieselben Gegenstände [...]. Daß aber beide ehrwürdig sind, darin drückt sich noch keine Identität aus; denn diese Eigenschaft könnte ja bei dem einen von dem andern herkommen [...]. Was ist nun wohl das, nach welchem wir die gesamte jenseitige Welt als ewig und immerwährend bezeichnen, und was ist dies Immerwähren [...]?« (IV, 307 ff.)

Wenn Plotin hier zunächst Ewigkeit und Einheit aufgrund der ihnen beiden eignenden Ehrwürdigkeit zu identifizieren scheint, dann jedoch sogleich erklärt, dass dieses Faktum nicht als Grundlage einer vollständigen Gleichsetzung ausreicht, muss er eine Begründung dafür finden, dass das Eine zugleich das Ewige ist. Bei der Lösung dieser Schwierigkeit erweist sich seine Interpretation des Ewigkeitsbegriffes als überaus hilfreich. Wird etwas als ewig bezeichnet, dann wird dadurch keine Aussage über seinen zeitlichen Charakter getroffen, sondern über sein Sein, da das Ewige das Unvergängliche, Unwandelbare und in keine temporären Intervalle Teilbare ist. Diese Eigenschaften könnten im Gesamtreich der Wirklichkeit einzig dem Einen zuerkannt werden, wenn es denn möglich wäre, es überhaupt mit Attributen des Denkens zu erfassen. Immer wieder warnt Plotin emphatisch davor, ein tatsächliches Erkennen und Bezeichnen des Einen für praktikabel zu halten; jede Benennung und jeder Vergleich des Seins mit einer Bestimmung des Seienden ist zwangsläufig unangemessen. In ebendieser Haltung der Besonnenheit beim Sprechen über das Eine fügt Plotin der gerade gestellten Frage nach dem Immerwährenden eine ebenso faszinierende wie aufschlussreiche Antwort hinzu:

»Wir haben wohl jene Welt nach einem Einheitlichen zu bezeichnen, freilich nach einer aus Vielheit gesammelten Denkkraft oder auch Wesenheit, die, wie zu beobachten ist, entweder dem Jenseitigen folgt oder mit ihm zusammen ist, die aber andererseits alles Jenseitige zum Leben bringt, die Einheit ist, aber Vieles vermag. Wer jedenfalls die Vielfalt ihres Vermögens ins Auge faßt, nennt sie nach ihrem hier Zugrundeliegenden Seinsheit, er nennt sie aber auch, sofern er den Blick auf ihr Leben richtet, Bewegung, nennt sie Ständigkeit als schlechthin Unverändertes, nennt sie Anderes und Selbiges, insofern diese zugleich in ihr sind. Faßt er dann alles umgekehrt wieder zur Einheit zusammen, so daß sie nur Leben ist: er zieht in diesen die Andersheit zusammen und die Unermüdlichkeit der Betätigung und das Selbige, das niemals anders ist und nicht aus einem Anderen zu einem Anderen wird, sondern das immer Gleichmäßige und immer Unausgedehnte – indem er all das ansieht, erblickt er die Ewigkeit, ein Denken oder ein Leben, welches immer im Selbigen bleibt [...].« (IV, 311)

Zwei erkennende Bewegungen kontrastiert Plotin in diesen Worten: das Erkennen des Vielen vor dem Hintergrund des Einen und die Erkenntnis des Einen als Einheit des Vielen. Dass es sich hierbei nicht um zwei unterschiedliche Erkenntnisse, vielmehr nur um zwei Wege der Erkenntnis desselben handelt, wird daraus ersichtlich, dass ja auch im Wahrnehmen des Vielen eigentlich nur das Eine erkannt wird. Wohin das verstehen wollende Auge und sein Geist sich auch wenden – immer schaut es das eine Sein; einmal, indem es sich auf dessen Diversifikation, einmal, indem es sich auf dessen Konzentration richtet. In beiden Fällen erblickt das Auge das Sein, in beiden Fällen erkennt der Geist das Ewige.

»[...] sie [die Ewigkeit] beharrt in sich im Selbigen und wandelt sich niemals, ist immer in der Gegenwärtigkeit, denn nichts an ihr ist vergangen oder erst zukünftig, sondern das, was der Inhalt ihres Seins ist, ist es: so daß also die Ewigkeit nicht das Zugrundeliegende ist, sondern dasjenige, was aus dem Zugrundeliegenden gleichsam erstrahlt gemäß seiner Selbigkeit, die es verheißt in bezug auf sein nicht etwa erst künftiges, sondern bereits gegenwärtiges Sein [...]. Dasjenige also, welches weder war noch sein wird, sondern lediglich ist, welches dies Sein als ein ständiges enthält, indem es sich weder in das ›sein wird‹ wandelt noch je gewandelt hat: das ist die Ewigkeit. So ergibt sich also, daß das am Seienden befindliche, im Sein bestehende Leben, welches sich als umfassende Gesamtheit, Erfülltheit und völlige Unausgedehntheit darstellt, das ist, was wir suchen: die Ewigkeit.« (IV, 311 f.)

Muss sich angesichts dieser These Plotins nicht die Frage stellen, ob dann nicht letztlich alles Seiende, und damit auch das vervielfältigte Sein, als ewig zu betrachten ist? Ein paar Zeilen später definiert Plotin noch einmal seine Überzeugung, die diesen gesamten Ausführungen zugrunde liegt: »[...] wahrhaft sein bedeutet: niemals nicht sein und niemals anders sein, und das heißt: unverändert sein, und das heißt: ununterschiedlich sein.« (IV, 319) Von diesen Aussagen über das Sein lässt sich zumindest eine auch auf das Seiende übertragen und würde dann lauten: Sein bedeutet: niemals nicht sein. Zumindest in dieser Hinsicht müsste alles Seiende der Ewigkeit teilhaftig sein. Plotin geht jedoch nicht so weit, diese Folgerung, die seinem Denken entspringen könnte, selbst zu artikulieren. Denn einerseits stellt sie tatsächlich einen höchst faszinierenden Gedanken dar, der den Gesamtcharakter der Wirklichkeit ausdrücken könnte; doch andererseits würde Plotin schwerlich dem Irrglauben verfallen, die Bindung des Materiellen und speziell der menschlichen Körper an die Zeit leugnen zu wollen. Im Leben eines einzelnen Menschen gibt es ja die Notwendigkeit, einen zeitlichen Zustand des Gewesenen von jenen des Seienden und des Werdenden zu unterscheiden, wodurch die bislang einheitliche Bezeichnung des Seienden plötzlich zu einer temporären Kategorie wird. Nachdem Plotin soviel argumentative Energie darauf verwendet hat, die Entsprechung von Sein und Ewigkeit zu belegen, wird nun deutlich, dass er keine vergleichbare Entsprechung von Sein und Zeitlichkeit, wohl aber von Seiendem und Zeit konstruieren kann. Während die Ewigkeit sich in Wahrheit als ontische Qualität erwies, zeigt sich die Zeit jetzt als das, was sie vermutlich von jeher im Denken des Menschen gewesen ist: das Maß der Veränderung. Um ihren Charakter zu veranschaulichen, greift Plotin zu einem erstaunlichen stilistischen Mittel – er lässt die Zeit selbst zu Wort kommen und ihr Entstehen schildern. Dieser Bericht über die Erzeugung der Zeit in der Seele soll zunächst ungekürzt zitiert werden:

»[...] sie würde von sich selbst sprechen, ungefähr folgendermaßen. Früher, bevor sie eben dies Früher erzeugt hatte und mit ihm verbunden des Später bedürftig geworden, ruhte sie im Seienden, sie war nicht Zeit, sondern in ihm pflegte auch sie der Ruhe. Die Natur aber war fürwitzig, sie wollte auch selber herrschen und selbständig sein, sie war entschlossen, sich mehr zu verschaffen, als sie hatte: so geriet sie in Bewegung, und ich geriet ebenfalls in Bewegung; und diese Bewegung führte uns zum immer Künftigen, Späteren, niemals Selbigen, sondern immer wieder Anderen, und als wir so eine geraume Strecke des Wegs gezogen waren, hatten wir als ein Abbild der Ewigkeit die Zeit hervorgebracht. Es gab nämlich eine Seelenkraft, die nicht ruhig war, sondern immer erpicht, das droben Geschaute einem andern Wesen zuzutragen; sie war es nicht zufrieden, daß das All ihr insgesamt gegenwärtig war; so wie bei einem ruhenden Samenkorn die Formkraft sich selber ausfaltet und ins vermeintlich Weite ausläuft, sie bringt aber die Weite durch Sichteilen zum Verschwinden, statt ein Eines in sich selber, ist sie nicht in sich selber und vergeudet das Eine zu einer schwächeren Ausdehnung, in die sie hinaustritt: ebenso hat auch die Seele das sichtbare Weltall geschaffen, welches in Nachahmung des oberen nicht die Bewegung des oberen vollführt, sondern nur eine Bewegung, die ihr gleicht und ihr Ebenbild sein möchte: und damit hat die Seele erstlich sich selber verzeitlicht und als Ersatz der Ewigkeit die Zeit erschaffen; sodann hat sie aber auch dem so entstandenen Weltall die Knechtschaft unter die Zeit mitgegeben [...].« (IV, 337 f.)

Eines, Geist und Seele bestanden, so dieser Bericht, vor der Zeit, denn es gab weder Notwendigkeit noch Möglichkeit, sie durch ein Früher oder Später zu scheiden. Ihnen eignete die Ewigkeit, die hier in ihrer ontischen, nicht temporären Bestimmung bestätigt wird. Diese Geschlossenheit, dieses Ruhen bei sich und in sich soll dann durch das Bestreben der Seele, zu wirken und zu verwirklichen, aufgelöst worden sein, wodurch dann die Zeit entstand. In Plotins Schilderung nimmt der Bericht dieser letztlich die Einheit zerstörenden Tat der Seele eine an den biblischen Sündenfall erinnernde Färbung an, begleitet von einer massiven Wertung. Die Seele war mit ihrem ursprünglichen Zustand erkennender Indifferenz unzufrieden und verlangte nach mehr – nach der Mitteilung des Geschauten und das bedeutet: nach der Differenzierung der Einheit. Sie will selbst herrschen, selbst etwas aus sich entstehen lassen, und was ist das Erschaffen nach Plotins Verständnis anderes als das Mitteilen des eigenen Seins an ein anderes fortan Seiendes? Die Tat der Seele, um noch für einen Moment in der Bildsprache Plotins zu bleiben, ist einerseits ein Frevel, denn sie gibt das Wissen um das Eine zugunsten eines selbstsüchtigen Machtanspruches auf, andererseits jedoch in ihrem Wesen angelegt, da auch sie – wie Eines und Geist – nicht anders kann, als Sein mitteilen zu wollen. Eine Bewertung dieser Schilderung Plotins ist daher nicht ohne weiteres möglich; es fällt schwer, die Tat der Seele einzuschätzen. Auch scheint durch diese Darstellung des Entstehens der Zeit die bisherige Deutung der Ewigkeit infrage gestellt zu werden. Denn wenn sie hier als der Zustand vor der Zeit angesetzt wird, kann sie dann wirklich als das ganz und gar Unzeitliche betrachtet werden? Ist sie nicht vielmehr selbst zum temporären Zustand geworden, zum Zustand vor der Zeit? Zur Beantwortung dieser beiden Fragen kann eine weitere Passage aus Plotins Text herangezogen werden:

»Wenn man also die Zeit bezeichnet als das Leben der in ihrer Bewegung von einer zur andern Lebensform übergehenden Seele, wäre damit nicht etwas Förderliches gesagt? Wenn nämlich Ewigkeit Leben ist, welches in Ständigkeit, Selbigkeit, Unveränderlichkeit und voller Unendlichkeit besteht, die Zeit aber Abbild der Ewigkeit sein soll entsprechend dem Verhältnis unseres Weltalls zu dem jenseitigen, dann muß man an Stelle des Lebens dort droben ein anderes Leben einsetzen, das der hiesigen Macht der Seele, das gewissermaßen namensgleich ist, und an Stelle der geistigen Bewegung die Bewegung eines Teiles der Seele, an Stelle der Selbigkeit, Unveränderlichkeit und Beharrung dasjenige, was nicht im gleichen Zustand beharrt, sondern immer neue Betätigung übt, an Stelle der unzerteilten Einheit das Nachbild der Einheit, das in Kontinuität besteht, an Stelle der erreichten Unendlichkeit und Ganzheit das ständige schrittweise Fortgehen ins Unendliche, und an Stelle der gegenwärtigen Ganzheit dasjenige, was nur stückhaft und immer nur künftig Ganzheit sein wird.« (IV, 339 f.)

Auch wenn durch das »Entstehen der Zeit« die gesamten Merkmale des Ewigen für das der Zeit unterworfene Seiende nicht mehr aufrechterhalten werden können, sind die Kennzeichen dieses Seienden doch deren exakte Kontrastierungen. Denn bei dem Vergleich, den Plotin hier vornimmt, handelt es sich keineswegs um eine Negation der Beschaffenheit des ewigen Seins durch das zeitliche Seiende, sondern um dessen Auffaltung unter dem Maßstab zeitlicher Veränderung. Ohne diesen Maßstab wäre Seiendes als solches gar nicht wahrnehmbar, da es sich nicht durch die Etappen seines Seins in verschiedenen Augenblicken als verschieden beschaffen zeigen könnte. Die drei Dimensionen der Zeit sind erforderlich, damit Seiendes wahrgenommen werden kann; sie sind zugleich erforderlich, damit sich das Sein als Hintergrund des Seienden »entbergen« kann. Von der Warte des nach Erkenntnis strebenden Menschen ist das Bestehen des Seienden die notwendige Bedingung für die Erkenntnis des Seins. Doch könnte hiergegen eingewendet werden, dass das Sein nach Plotins Verständnis auf keinerlei Erkanntwerden angewiesen ist. Wie sich sogleich zeigen wird, verbindet er mit seiner Konzeption des Entstehens der Zeit die Begründung für das Streben nach Rückkehr in den ursprünglichen Zustand der Einheit – für die Seele ebenso wie für den Menschen, dessen Vermögen die Seele ist. Damit kündigt sich die dritte und letzte Erweiterung innerhalb Plotins Seinsentwurf an: Dessen ontische Basis ist um ihre kosmologische Facette ergänzt worden und erhält nun ihre Komplettierung durch die anthropologische Komponente. Erst in dem gänzlich entfalteten Emanationsschema wird diese Verwobenheit der drei zentralen Aspekte des Philosophierens in Plotins Verständnis ganz durchsichtig. Keiner der Bereiche kann isoliert für sich betrachtet werden, denn sie alle hängen auf das Engste miteinander zusammen, resultieren sie doch alle aus dem Bild, das Plotin vom Einen entwirft.

7. Die Rückkehr des Menschen zur Einheit

Um die anthropologische Konzeption Plotins abschließend zu rekonstruieren, muss noch einmal auf die Seele eingegangen werden. Denn ihren Zustand der Vereinzelung, des Hervortretens aus dem Gesamt der Allseele bewertet Plotin fast durchgängig als Abfall von ihrer ursprünglichen Bindung an den Grund des Seins. Mit ihrem materiellen Körper scheinbar unauflöslich verknüpft, fristet die Seele in ihrem irdischen Leben ein Dasein der Entzweiung von ihrer eigentlichen Natur und ist sich am Ende ihrer geistigen Herkunft nicht mehr bewusst. Sie unterliegt den Beeinträchtigungen durch die Affektionen des Körpers, der ihr Streben und Verlangen aufgrund seiner eigenen Bedürftigkeit diktiert. Hier, im irdischen Dasein, ist die Seele, die dem Geist entsprang, darauf angewiesen, sich durch jeweils einzelne Überlegungen ihres rationalen Vermögens zu orientieren und Erkenntnisse über jene Welt zu erwerben, die ihr ursprünglich stets gegenwärtig gewesen ist. In sehr deutlichen Worten charakterisiert Plotin diese bemitleidenswerte geistige Verfassung der Seele: »[...] die Überlegung [...] kommt erst hier unten in sie hinein, wo sie in Ratlosigkeit ist und sich mit der Fürsorge befleckt und in einem Zustand größerer Schwächung ist. Denn es bedeutet für den Geist eine Minderung seiner Selbstgenügsamkeit, wenn er der Überlegung bedarf [...].« (II, 209) Nicht in sich selbst ruhend, der Tätigkeit eines als unvollkommen zu beurteilenden rationalen Vermögens bedürftig, der Sorge um das Wohl des Leibes verpflichtet, hat sich die Seele in ihrer höchsten Stufe der Vereinzelung so weit von ihrer ursprünglichen Konstitution entfernt, dass sie sich fremd in einem Leben fühlt, das ihr einst inhärierte. Diesen Eindruck der Verlorenheit verstärkend, kommt noch hinzu, dass die Seele, wenn sie nach der Bedingung ihrer elenden Verfassung zu fragen beginnt, nur sich selbst als deren Urheber verantwortlich fühlen kann; denn wer sonst hätte sie aus ihrer Einheit mit der Allseele und dem Geist verstoßen, wenn nicht ihr eigener Drang nach Unabhängigkeit?

In diesem Seelenbild Plotins, das ohne weiteres zu seinem Menschenbild erweitert werden kann, könnten verschiedene Einflüsse aufgespürt werden, die von der Nachwirkung der platonischen Seelentheorie bis zum Mitklingen des jüdisch-christlichen Verständnisses vom Sündenfall reichen. Wie Platon ist auch Plotin davon überzeugt, dass es für die Seele des Menschen nur eine einzige Möglichkeit gibt, um die massive Dominanz des Körpers zu brechen; anders als Platon beurteilt Plotin das irdische Dasein der Seele jedoch nicht als absolut elend. Sie ist aufgrund ihrer Herkunft noch immer im potenziellen Besitz jener entscheidenden Fähigkeit, die ihr die Rückwendung zu ihrem Ursprung gewährleisten kann, wenn sich die Seele aus der Bindung an den Körper in einer später zu betrachtenden Weise separiert. Auch dann, nach dieser Trennung, ist die Seele des Menschen als lebendig aufzufassen, und nun sogar im eigentlichen Sinne, denn jetzt hat sie die Distanz, die sie aus der vormaligen Einheit mit dem Seinsgrund entfernte, aufgehoben.

Soll die Verfassung der Seele nach ihrer Separierung vom Körper betrachtet werden, ergibt sich allerdings eine Schwierigkeit, der bereits viele Theoretiker philosophischer und religiöser Intention vor Plotin begegneten und der auch er sich jetzt stellen muss. Wenn sich die Seele durch ihre Verbindung mit dem Körper nicht nur von ihrem Ursprung entfernt, sondern auch individualisiert hat, kann diese Eigenheit, die sie auf Erden erworben hat, auch nach ihrer Lösung vom Körper aufrechterhalten werden? Diese Frage erweist sich besonders in religiösem Kontext als äußerst brisant, da von ihrer Beantwortung die Möglichkeit individueller Vergeltung nach dem Tod abhängt. Es mag sein, dass ein Mensch sich zu Lebzeiten nach Kräften darum bemüht hat, die göttlichen Gebote zu befolgen und ein verdienstvolles Leben voller Selbstlosigkeit und Nächstenliebe (um im christlichen Sinne zu sprechen) zu führen. Werden diese persönlichen Verdienste aber im Augenblick des Todes hinfällig, insofern Individualität der Seele ausschließlich in Verbindung mit ihrem Körper bestehen konnte, dann gibt es am Jüngsten Tag keine individuelle Belohnung oder Bestrafung des irdischen Verhaltens. Hieraus könnte gefolgert werden, dass es letztlich völlig gleichgültig ist, wie sich der Mensch verhält, wenn all sein Bemühen im entscheidenden Moment nichtig geworden ist. Auch Plotin hat ein überaus starkes Interesse daran, die seelische Individualität nach erfolgter Separierung vom Körper bewahrt zu wissen, wenn auch aus anderen Gründen als den eben skizzierten.

Aufschlussreich für seine gesamte Beurteilung dieser Problematik ist zunächst sein Versuch, den jenseitigen »Aufenthaltsort« der Seele zu bestimmen: »Aber wo wird die Seele sich befinden nach dem Austritt aus dem Leibe? Nun, hier unten kann sie nicht sein, da es hier dann nichts gibt, von dem sie irgendwie aufgenommen würde [...]. Sondern sie ist in einem andern Körper, wenn sie einen solchen hat, und folgt ihm an den Ort, wo er nach seinem Wesen sein und wohin er kommen kann. Da aber auch der Ort jeden Körpers ein vielfältiger ist, so muß der Unterschied aus dem Zustand der Seele sich ergeben, aber auch aus dem in der Welt herrschenden Recht.« (II, 223) Die Individualität der Einzelseele bleibt offensichtlich selbst nach ihrer Abkehr vom irdischen Leib erhalten, da sie auch dann in einem Körper, einem sie Aufnehmenden, zu denken ist. In den letzten Worten Plotins deutet sich seine Überzeugung der Bedingtheit jenseitigen Seins durch irdisches Verhalten an. Wenn eine separierte Seele noch immer als einzelne betrachtet werden kann und noch immer über all jene Fähigkeiten verfügt, die in ihrer Betätigung nicht an den Körper gekoppelt sind, dann müsste sich die Seele auch ihres irdischen Daseins erinnern können. Denn das Erinnern, so erklärt Plotin, ist eindeutig eine Eigenschaft des Denkens. Er fragt daher: »Was nun wird erzählen und wovon wird Erinnerung in sich tragen eine Seele, wenn sie in den geistigen Bereich, in die obere Wesenheit eingetreten ist?« (II, 245)

Für die Seele in diesem Zustand ist es nun allerdings zweierlei – individuell zu sein oder sich zu erinnern. Ihre Rückkehr zur Einheit kann die Seele nur jeweils einzeln planen und realisieren, denn es wäre völlig unsinnig zu sagen, dass ein Mensch, der sich zeit seines Lebens niemals um Erkenntnis des Einen bemüht hat, am Ende genauso zur Rückkehr fähig sei wie ein wahrer Asket, der schon sein irdisches Leben nur diesem Ziel geweiht hat. Als individuelle tritt die Seele also in den geistigen Bereich ein, ist aber von dem Augenblick an keiner Erinnerung an ihr irdisches Sein mehr fähig noch bedürftig. Denn nun gilt das Maß der Zeitlichkeit nicht mehr, es ist unmöglich, das Gegenwärtige vom Vergangenen zu differenzieren. Wie sollte aber eine Erinnerung funktionieren, die nicht zwischen dem Jetzt und dem Früher zu unterscheiden vermag? Wenn die Seele sich also an nichts Gewesenes erinnern kann, ist ihr auch jede Vorstellung ihres irdischen Seins verschlossen. »Wie aber erinnert es [das Denkvermögen] sich seiner selbst? Es hat überhaupt keine Erinnerung an sich selbst, auch nicht daran, daß es selber, also z.B. Sokrates, das Schauende ist, oder daß es der Geist oder die Seele ist. Hier möge man daran denken, daß man auch hier unten, wenn man schaut, zumal wenn es besonders eindringlich geschieht, sich mit dem Denken nicht auf sich selber zurückwendet; sondern man hat sich selber, seine Tätigkeit aber richtet man auf das Geschaute, man wird selber das Geschaute, indem man sich gleichsam zu seinem Stoffe macht, man läßt sich formen von dem Geschauten und ist dann nur noch potentiell man selber.« (II, 247)

Abgesehen davon, dass diese Worte erneut das plotinische Verständnis des Werdens durch Erkennen bekräftigen, enthalten sie eine andere wichtige Aussage. Der Denkende ist sich im Augenblick seines Denkens eines beliebigen Gegenstandes seiner selbst gewiss. Das Denken muss sich nicht auf seine eigene Tätigkeit richten, wenn es denn denken will, und sich nicht selbst erst als das Denkende begreifen, um sich dann auf sein Objekt beziehen zu können. Plotin fährt fort, indem er zunächst auf das Denken des Geistes eingeht, um anschließend zur Betrachtung der Seele überzugehen: »Nein, es findet bei jenem Denkakt [...] überhaupt keine Veränderung statt, wenn er sich von den Inhalten seines Selbst zu seinem Selbst wendet und von seinem Selbst wieder zu den Inhalten; denn er ist ja selber alles, und beide Seiten sind eine Einheit. Aber die Seele, wenn sie im geistigen Bereich weilt, erfährt sie dies, jeweils andere zu sein, wenn sie sich zu sich selber wendet und dann wieder zu ihren Inhalten? Nein, wenn sie lauter im Geistigen weilt, hat sie auch ihrerseits die Eigenschaft der Unveränderlichkeit. Denn auch sie ist dann identisch mit ihrem Inhalt.« (II, 249) Wiewohl sich diese Ausführungen Plotins hier auf das Denken in seinem reinen geistigen Zustand beziehen, kündigt sich doch eine Überzeugung an, die er in anderem Kontext etwas deutlicher konturieren wird – die Überzeugung von der Selbstgewissheit des denkenden Menschen. Die Seele wird dieser Gewissheit in jedem Fall im Moment ihrer Rückkehr in den Ursprung teilhaftig, denn dann ist ihr Denken »Denken des Denkens«, das nicht mehr zwischen

Subjekt und Objekt des Denkaktes unterscheidet. Sie verliert in dieser ihr nun eignenden Verfassung jede Bindung an ihren irdischen Leib, selbst diejenige der Erinnerung, und scheint dadurch ihren Abfall von der Einheit völlig revidiert zu haben. Könnte sie sich an ihr irdisches Leben erinnern, so müsste sie es als Zeit der Düsternis und der Fremde empfinden – so sollte man jedenfalls meinen.

Plotins Interpretation des Begriffes der Glückseligkeit vermittelt allerdings einen etwas anderen Eindruck. Wenn sich die bisherige Deutung des plotinischen Seinsverständnisses bewahrheitet, müsste sich Folgendes ergeben: Alles Lebendige hat als Seiendes am Sein teil, das aufgrund seiner Einheit vollkommene Glückseligkeit ist. Auch das Seiende müsste dann als glückselig anzusehen sein, zumindest in dem Maß der vermittelten Glückseligkeit, so wie auch sein Sein ein vermitteltes ist. Plotin selbst rekapituliert zunächst eine traditionelle Auffassung dieses Themas, um dann seine eigene Ansicht zu formulieren:

»Daß aber das vollkommene, das wahre und eigentliche Leben erst dort im Bereich des Geistes statthat, daß die übrigen Lebensformen unvollkommen sind und bloße Abbilder vom Leben und nicht rein und vollkommen, ja gar nicht in höherem Grade Leben als Nichtleben, das ist oft gesagt worden, doch sei es in aller Kürze nochmals gesagt: solange nun einmal alles Lebende aus einem einzigen Urgrund stammt, aber nicht im gleichen Grade Leben hat wie Er, muß notwendig der Urgrund das erste und vollkommenste Leben sein. Wenn also der Mensch imstande ist, das vollkommene Leben zu haben, so ist auch der Mensch glückselig, derjenige nämlich welcher dies Leben hat [...]. Ich meine folgendermaßen: Daß der Mensch vollkommenes Leben hat, da er nicht nur das Wahrnehmungsleben hat, sondern auch die Vernunft und den wahrhaften Geist, das ist auch anderweitig klar. Indessen hat er dies als etwas von sich selbst Verschiedenes? Nein, er ist überhaupt nicht Mensch, wenn er nicht auch dies besitzt, sei es potentiell sei es aktuell (und im letzteren Falle nennen wir ihn dann glückselig).« (V, 11 f.)

Der Mensch, der sowohl über das Wahrnehmen wie über das Denken verfügt und damit am Körperlichen ebenso Anteil hat wie am Geistigen, kann sich der grundsätzlichen Möglichkeit seiner Glückseligkeit allein aufgrund seiner Zugehörigkeit zum einen Reich des Seienden gewiss sein. Dass es sich hierbei um reine Potenz handelt, solange der individuelle Mensch nicht beginnt, sein auf das Eine gerichtetes Denken zu entfalten, ist ein Aspekt dieses plotinischen Gedankens. Der andere und vielleicht sogar wichtigere Aspekt besteht darin, dass alles Seiende tatsächlich diese Möglichkeit hat. Denn eine potenzielle Fähigkeit ist ja keine bloße Vermutung, nichts, was einem Lebewesen vielleicht einmal zukommt – ganz im Gegenteil. Ein solches Vermögen eignet seinem Träger immer, und es stellt sich lediglich die Frage, ob es jemals realisiert wird. Um ein Beispiel zu gebrauchen: Das potenzielle Vermögen des Sehens, das Sehenkönnen, würde niemals einem blinden Menschen zugewiesen werden, da in diesem Fall das Können nie verwirklicht und zum wirklichen Sehen werden könnte. So kann der Mensch tatsächlich glückselig werden, weil er glückselig werden kann. Es gibt Menschen, die dieses hohe Gut, das ihnen aufgrund ihrer Natur zu Eigen ist, niemals begreifen und entfalten werden, so wie andere es trotz ihrer Bindung an den Körper zu realisieren suchen, um zum vollkommenen Leben schon in ihrer irdischen Existenz zu gelangen.

»Aber sollen wir diese vollkommene Art des Lebens in ihm als einen Teil von ihm bezeichnen? Nun das gilt zwar von dem gewöhnlichen Menschen, der es nur potentiell hat, daß er es nur als einen Teil besitzt; der andere dagegen ist wirklich glückselig, er, der dies aktuell ist und zur Identität mit diesem fortgeschritten ist; und die übrigen Dinge haften ihm dann nur noch an, man kann sie kaum noch als Teile von ihm bezeichnen, da sie ihm ohne seinen Willen anhaften [...]. Was ist denn nun für diesen das Gute? Nun er ist sich selber der Gute, vermöge dessen, was er besitzt [...]. Ein Zeugnis hierfür liegt darin, daß der in dieser Verfassung befindliche auf nichts anderes mehr aus ist. Worauf sollte er auch noch aus sein? Auf ein Geringeres natürlich nicht; und dem Besten ist er bereits gesellt. Somit ist das Dasein selbstgenugsam für den, der solches Leben besitzt, – und tugendhaft, sofern es selbst genug ist – zur Glückseligkeit und zum Erwerb des Guten; denn es gibt kein Gutes, das er nicht schon besitzt.« (V, 13 f.)

Diese Charakterisierung eines Glückseligen bezieht sich wohlgemerkt auf einen Menschen im Zustand seines irdischen Lebens, nicht etwa auf ein von allem Materiellen und Vergänglichen gereinigtes Wesen. Ob ein Mensch glückselig zu nennen ist, hängt nicht davon ab, ob er diese Fähigkeit generell besitzt – diese Voraussetzung hat Plotin soeben geklärt. Einzig entscheidend ist die Frage, ob der Mensch seine Fähigkeit zur Glückseligkeit entfaltet. Wenn er sich aber dazu entschließt – und ein Entschluss ist hierfür erforderlich – dann kann er schon in seinem Dasein auf Erden die Verwirklichung einleiten, vorantreiben und sogar vervollkommnen. Als irdisches Lebewesen muss der Mensch freilich nach wie vor den Affektionen seines Körpers Rechnung tragen, doch nicht einmal diese Fürsorge für den Leib und dessen Bedürfnisse kann das Leben des Glückseligen beeinträchtigen. Mit dieser Feststellung leitet Plotin seine Untersuchung der Glückseligkeits-Gewissheit ein, die sicherlich zu den interessantesten Passagen seiner *Enneaden* zählt. Um zu zeigen, dass diese edelste Fähigkeit des Menschen ihm selbst dann zukommt, wenn er sich ihrer nicht bewusst ist, spielt Plotin einige Situationen durch, von denen man annehmen könnte, dass sie das Vermögen der Glückseligkeit begrenzen oder sogar zerstören.

»Und wie steht es mit Schmerzen und Krankheiten und was ihn überhaupt in der Betätigung des vollkommenen Lebens hemmt? Und wenn er gar seiner Selbst sich nicht mehr bewußt wird (denn das kann infolge von

Narkotika und gewissen Krankheiten eintreten)? Wie kann er unter all solchen Umständen noch Lebenserfüllung und Glückseligkeit haben? [...] Hierauf ist folgendes zu erwidern. Hätte unsere Darlegung zugegeben, daß die Glückseligkeit in dem Verschontbleiben von Schmerz, Krankheit, Unglück und schweren Schicksalsschlägen bestehe, so wäre es freilich unmöglich, jemand glückselig zu nennen, wenn ihn diese gegenteiligen Dinge treffen. Liegt hingegen die Glückseligkeit in dem Besitz des wahrhaft Guten beschlossen, wie darf man dann darauf verzichten, den Blick auf eben dies und was zu ihm beiträgt zu richten [...].« (V, 15 f.)

Sehr deutlich geht aus diesen Worten Plotins hervor, dass Glückseligkeit seiner Auffassung nach kein Zustand, sondern eine Eigenschaft ist. So ist es auch nicht möglich, einen Menschen an einem Tag glückselig zu nennen, am nächsten nicht. Wenn diese Eigenschaft nicht einmal durch die Einsenkung der Seele, der man dieses Attribut wohl eher zuerkennen würde als dem gesamten Lebewesen, in ihren Körper aufgehoben werden kann, wie sollte sie sich da durch eine vorübergehende Krankheit beeinflussen lassen? Plotin begnügt sich keineswegs mit dieser ersten Widerlegung seines hypothetischen Zweifels, sondern konstruiert noch einen Fall, der zur Trübung des Glückseligkeits-Vermögens führen könnte: »Aber wenn er [der Glückselige] nun kein Bewußtsein hat, überschwemmt von Krankheit oder von Zauberpraktiken? Nun wenn sie [die Kritiker] daran festhalten, daß er auch in solchem Zustande ein ernster und edler Mann ist, der nur gleichsam in Schlaf gesunken, wodurch ist ihm dann verwehrt, glückselig zu sein? [...] Nun, wenn sein Gesundsein ihm nicht zum Bewußtsein kommt, ist er nichtsdestoweniger gesund; bleibt ihm seine Schönheit unbewußt, ist er nichtsdestoweniger schön: und da sollte er, wenn seine Weisheit ihm nicht bewußt wird, darum weniger weise sein?« (V, 25 f.)

Dass ein Mensch sich seiner Handlungen nicht in jedem Moment bewusst ist, ist wohl leichter einzusehen als die Behauptung, dass er sich auch seines Denkens selbst nicht unentwegt bewusst sein soll. Diese Annahme, die sich aus der Bemerkung über den Weisen ergibt, bekräftigt Plotin, indem er auf die Unterscheidung zwischen Denken und Gewahrwerden hinweist. Es gibt ein sich seiner eigenen Betätigung nicht bewusstes Denken, das zu einem Erkennen, einem Gewahrwerden führen kann, wenn es sich auf sich selbst konzentriert. Erst von diesem Augenblick an kann es als sich seiner selbst bewusst bezeichnet werden, erst dann also, wenn es reflexives Denken geworden ist. Das Denken, das sich auf seine eigene Tätigkeit richtet, spiegelt sich dabei – so erläutert Plotin – in der Seele und erscheint sich als Abbild seiner selbst. Denken ist es mithin in jedem Moment; es unterscheidet sich lediglich dadurch, dass es einmal bewusst, einmal unbewusst agiert.

»Es ist also ein so merkwürdiges Ding durchaus denkbar, daß das Denken von der Vorstellung begleitet ist und dabei doch das Denken nicht Vorstellung ist. Übrigens lassen sich auch im wachen Zustand viele wertvolle Betätigungen ausfindig machen, auf dem Gebiet des Denkens wie des Handelns, welchen durchaus das Moment fehlt, daß wir ihrer, während wir sie denkend oder handelnd vollziehen, gewahr würden. So braucht z.B. der Lesende keineswegs dessen gewahr zu werden, daß er liest [...]. Danach scheint das Bewußtsein die Tätigkeiten, deren es gewahr wird, geradezu zu trüben, während sie nur dann, wenn sie allein stattfinden, rein sind und in höherem Grade wirksam und lebendig; und so wird denn, scheint's, auch wenn der Weise in das oben geschilderte Schicksal gerät, das Leben in ihm gesteigert, indem es nicht ausgeschüttet wird ins Bewußtsein, sondern in sich selbst in einem Punkt versammelt bleibt.« (V, 29 f.)

Die Glückseligkeit des Weisen wird also nicht geschmälert, wenn er sich ihrer nicht bewusst ist, sondern scheint sich sogar in Phasen der Unbewusstheit in weitaus ursprünglicherer Form entfalten zu können. Die letzten Formulierungen Plotins verlocken zu einer Spekulation, die kurz erwähnt werden soll. So, wie Plotin den Vorzug des Zustandes ohne Bewusstheit darstellt, erinnern seine Worte sehr daran, wie er sonst das vollkommene Bei-sich-Sein des Einen erläutert. Es ist nicht vervielfacht, sondern in sich ruhend, es ergießt sich nicht in das Seiende, und es ist nicht auf das Denken angewiesen, da es sogar eine Teilbarkeit im Einen voraussetzen würde, die erklärtermaßen nicht gegeben ist. Wenn das Eine sich nicht denkt, dann ist es sich seiner auch nicht bewusst, weil auch die Reflexion ein mentaler Akt ist. Erst im Geist setzt daher das Bewusstsein ein, sodass das Seiende jene Spiegelfläche ist, von der Plotin eben sprach. An ihr bricht sich das Denken und richtet sich auf sich selbst. Auch das Denken des Einen könnte sich sich selbst zuwenden, doch nicht als Einem, sondern als Seiendem. Hieraus ließe sich dann nochmals eine Bestätigung jener engen Verbundenheit zwischen dem Sein und dem Seienden ablesen, die Plotin zu der Ansicht einer einzigen Gesamtwirklichkeit veranlasst.

Doch zurück zum Problem der Glückseligkeit. Plotin hat sehr deutlich veranschaulicht, dass sie kein Zustand, sondern Eigenschaft des Menschen ist. Jede Eigenschaft, auch wenn sie noch so ursprünglich dem Wesen zugehörig sein mag, bedarf der Verwirklichung, da sie immer nur potenziell besteht. An dieser Bedingung ändern auch die bisherigen Aussagen Plotins nichts, denn er sprach ja niemals davon, dass der Weise, der edle und ernste Mensch sich nicht um die Glückseligkeit bemühen muss. Vorübergehende Augenblicke der Bewusstlosigkeit beeinträchtigen die Glückseligkeit nicht, so hat Plotin erklärt; doch handelt es sich dabei um deren aktualisierte Form. Wenn sich der Mensch gänzlich auf seine Disposition zur Glückseligkeit verlassen könnte, würde es keine Veranlassung dafür mehr geben, dass sich der Weise müht, während der Törichte keinerlei Anstrengung unternimmt. Gerade diesen Unterschied wollte Plotin aber durch die Betonung des individuellen Eingehens der Seele in ihre ursprüngliche und zugleich endgültige Einheit akzentuieren. Wie muss sich der Mensch also verhalten, wenn er als Weiser den unverlierbaren Besitz der Glückseligkeit erwerben will?

»Der Mensch dieser Welt möge schön sein und groß und reich und Herrscher über alle Menschen, denn er gehört dieser Welt an: man mißgönne ihm solchen Besitz nicht, er ist doch damit betrogen. Was aber den Weisen betrifft, so werden diese Dinge ihm vielleicht von vornherein gar nicht zuteil, wenn aber doch, so wird er sie von sich aus einschränken, wenn anders er für sich selber Sorge trägt. So wird er die Vorzüge des Leibes mindern und welken lassen durch Vernachlässigung; die Ämter wird er ablegen; und was die Leibesgesundheit betrifft, so wird er sie bewahren, aber doch wünschen, nicht gänzlich ohne die Erfahrung der Krankheit zu bleiben; [...] andernfalls wäre er noch nicht weise oder glückselig, wenn er nicht die Vorstellungen über diese Güter allesamt in sich geändert und sich gleichsam in einen ganz neuen Menschen gewandelt hätte, der nun fest auf sich selber bauen kann, daß ihm niemals ein Übel begegnen kann; und so kennt er dann keine Furcht vor irgend einem Dinge. Hat er aber noch Angst vor irgend etwas, so ist er noch nicht vollendet in der Tugend, sondern erst auf halbem Wege.« (V, 35 f.)

Muss ein solcher Mensch, der sich in keinerlei Abhängigkeit von Bedürfnissen, Befürchtungen und Ängsten begibt, nicht als wahrhaft frei bezeichnet werden? Oder handelt es sich vielmehr um ein Individuum, das in seinem Denken den Entschluss gefasst hat, der Glückseligkeit leben zu wollen, und alles körperliche Begehren diesem Vorsatz unterordnet? Beide Bestimmungen des Weisen schließen sich gegenseitig nicht aus, sondern verweisen sogar aufeinander. Plotin verwendet sehr viel argumentativen Elan auf die Widerlegung der Annahme, ein Mensch, der durch seine Körperlichkeit deren Leidenschaften unterworfen ist, könne nicht frei handeln und sei keiner freien Verfügung fähig. So fragt er zunächst, wem denn Freiheit überhaupt attestiert werden könne: »Ist denn nun die Selbstbestimmung und freie Verfügung lediglich im Geist, welcher denkt, im reinen Geist, oder auch in der Seele, welche im Sinne des Geistes sich betätigt und im Sinne der Tugend handelt? Wollen wir dies der handelnden Seele zugestehen, so darf man es wohl erstlich nicht zur Erlangung des Handlungszieles zugestehen; denn dieser Erlangung sind wir Menschen nicht Herr. Sollen wir es aber zugestehen zur edlen Handlung, zum Verrichten alles dessen, was von einem selbst ausgeht, so ist insoweit ja wohl zuzustimmen.« (IV, 13) Die Unterscheidung zwischen Handlungsziel und Handlung, die hier angesprochen wird, erläutert Plotin sofort in der Weise, dass ersteres zum Beispiel der Krieg, letzteres die tapfere Tat sein könnte. Die Tat liegt demnach in der Kompetenz der Seele, ihr eigenes Tun frei zu bestimmen, während der Krieg nicht die Handlung eines einzelnen Menschen sein kann. Damit ist der Seele die Möglichkeit der freien Handlung zuerkannt worden, frei, insofern sie sich geistig betätigt, und das heißt letzten Endes nichts anderes als auf die Glückseligkeit, auf das Gute zielend.

Immer wieder ist im Rahmen der bisherigen Betrachtungen der Begriff der Tugend benutzt worden, ohne seine genaue Bedeutung zu enthüllen. Im vorliegenden Kontext der Handlungsmotivierung ist daher der ideale Platz, dieses Versäumnis nachzuholen. Handelt der Mensch frei, weil er sich der Tugend gemäß verhält, oder ist sie vielmehr die Voraussetzung solchen Handelns? Wie versteht Plotin die zeitliche Relation von Entschluss und Tat, und wo ist die Freiheit zu suchen: im Entschluss oder in der Tat? Wird hierauf erwidert, dass nur das planende Denken tatsächlich als frei, als keinerlei Zwang unterliegend betrachtet werden soll, während die Handlung immer dem Zwang folgt, »würden wir die Selbstbestimmung und die freie Verfügung der Seele, indem wir sie rein in das Gebiet vor der getanen Tat verlegten, außerhalb des Handelns ansetzen. Wie steht es aber mit der Tugend selber, die in Verhalten und bestimmter Disposition besteht? Müssen wir nicht zugeben, daß sie, während die Seele in einem bösen Zustand ist, kommt und sie ordnet, indem sie den Leidenschaften und dem Trachten Maß und Verhältnis gibt?« (IV, 15) Hier nimmt Plotin nun selbst eine Bestimmung der Tugend vor, indem er sie als »Verhalten« und »bestimmte Disposition« bezeichnet und ihr eine sehr fest umrissene Aufgabe zuweist. Vor diesem Hintergrund lässt sich Tugend am ehesten als verständiges Verhalten fassen, das einer konkreten Handlung als deren Motiv vorausgeht, aber auch selbst Aktivität ist. Sie ist nicht selbst Maßstab menschlichen Handelns, sondern das Vermögen, in seinen Handlungsabsichten das Maß zu finden. Das verständige Verhalten ist mithin ein mentales Agieren, das jeder als gut zu bewertenden Handlung vorangeht. Die Frage nach dem zeitlichen Verhältnis von Tugend, Freiheit und Tat kann Plotin daher jetzt beschreiben, wenn er konstatiert, »daß die Tugend und der Geist die Entscheidungsmacht haben und daß auf sie die freie Verfügung und die Freiheit zurückgeführt werden müssen; indem nun diese beiden keinem Herren dienstbar sind, besteht der Geist auf sich selber, die Tugend aber hat den Willen, auf sich selber zu bestehen, indem sie über die Seele waltet, so daß diese eine gute Seele wird [...]. Mithin führen sich auch in den Handlungen die Selbstbestimmung und freie Verfügung nicht auf das Handeln und nicht auf die äußere Betätigung zurück, sondern auf die innere Betätigung der Tugend selbst, auf ihr Denken und ihre Betrachtung.« (IV, 17)

Eine gute Tat, die ein Mensch vollbringt, besteht immer aus zwei miteinander verknüpften Handlungen und den ihnen entsprechenden Handlungsweisen: Der Mensch handelt *in* freier Selbstbestimmung, weil er kraft der Tugend den Entschluss dazu fasst, und er handelt *aus* freier Selbstbestimmung, weil er die konkrete Tat auf den Entschluss folgen lässt. So wertvoll der Dienst der Tugend im irdischen Dasein auch ist, insofern sie das Maß des guten Handelns setzt, muss doch vermerkt werden, dass sie nur hier wirksam werden kann und muss. Wenn der Weise, wie sich gezeigt hat, gleichsam ein neuer Mensch geworden ist, da er sein Handeln nach dem Maß seiner Tugend ausrichtet, dann führt er ein Dasein, das demjenigen in der geistigen Welt verwandt ist, ihm sogar mitunter gleicht. »So ist es auch mit der Tugend: wir nehmen an Harmonie und Ordnung und Ausgeglichenheit Anteil von der oberen Welt her, und eben darin besteht die Tugend hier unten; da aber die Dinge der oberen Welt der Ausgeglichenheit, der Ordnung oder der Harmonie nicht bedürfen, so haben sie auch die Tugend nicht nötig und nichtsdestoweniger werden wir ihnen gleich dadurch daß uns Tugend innewohnt.« (I, 335)

Aus der Tatsache, dass Tugend nur dem irdischen Menschen zu Eigen ist, in der »oberen Welt« hingegen keinerlei Notwendigkeit für sie besteht, zeigt sich bereits, dass die Gleichwerdung, die Plotin hier andeutet und schließlich zum Ziel menschlichen Strebens überhaupt erklärt, eine nicht unproblematische Vorstellung ist. Denn in ihrer Realisierung sollen zwei Wesen, die unterschiedlicher kaum sein könnten, sich in Identität vereinen, wobei die Bewegung des Sich-Angleichens nur vom einen Wesen – dem Menschen – ausgeführt werden kann. Zwischen beiden besteht daher kein Wechselverhältnis, auf dessen Basis sich beide Teile aufeinander zu bewegen könnten, vielmehr muss der Mensch danach streben, sich von all jenen Attributen zu befreien, die seine Differenz zum Einen begründen. In Anbetracht einer solchen endgültigen Motivierung seines Handelns wird deutlich, dass die Aufgabe der Tugend, das verständige Verhalten, sich nicht darin erschöpft, beliebige Handlungen des Menschen auf jeweils variierende Ziele auszurichten, die als gut bewertbar sind, sondern seine gesamte irdische Existenz als jene eine umfassende Handlung begreifen muss, durch die sich der Mensch dem Einen angleichen soll, um ihm gleich zu werden. Das gesamte menschliche Dasein soll also, wenn es der Tugend gemäß verstanden wird, ein Prozess der Reinigung von allem Differenzierenden sein.

»In welchem Sinne nun nennen wir die Tugenden Reinigungen, und wieso werden wir gerade durch Reinigung gleich? Nun, da die Seele böse ist, sofern sie mit dem Leibe ›verquickt‹ ist und so den gleichen Affektionen wie er unterworfen ist und all sein Wähnen mit ihm teilt, so ist sie doch wohl gut und hat Tugend, wenn sie weder sein Wähnen teilt, sondern allein ihre Wirksamkeit übt – und das ist Vernunft und Einsicht –, noch sich seinen Affekten unterwirft – das ist Selbstbeherrschung –, noch Furcht hat, da sie im Abstand vom Leibe bleibt – und das ist Tapferkeit –, wenn vielmehr in ihr gebietet Vernunft und Geist und das Andere nicht widerstrebt – und das ist Gerechtigkeit. Einen solchen Zustand nun der Seele, in welchem sie in der geschilderten Weise denkt [...] und dabei ohne Affekte ist, kann man doch treffend als Gleichwerdung mit Gott bezeichnen; denn das Göttliche ist ebenfalls rein und seine Wirksamkeit ist von derselben Art, so daß das was ihm nachahmt eben dadurch Vernunft hat.« (I, 339 f.)

Indem die Tugend den Menschen in dieser Weise zur Reinigung anhält, initiiert sie gleichsam eine Scheidung der menschlichen Seelenvermögen. Wahrnehmung und Empfindung, die beiden Betätigungen der Seele, die am stärksten mit dem Körper und dessen Verlangen verknüpft sind, werden so weit wie möglich zurückgewiesen, sodass sich die Vernunft weitgehend ungehindert bewegen kann. Diese erkennende Bewegung der vernunfthaften Seele bezeichnet Plotin hier zunächst als gezielte Nachahmung des Göttlichen, doch wird sogleich noch deutlicher werden, was er hierunter versteht. Um seine Erklärung noch überzeugender gestalten zu können, verharrt Plotin für einen Augenblick in dieser Argumentation und wendet sich erneut der Funktion der Tugend zu:

»Nun fragt sich, ob die Reinigung zusammenfällt mit dieser höheren Tugend, oder ob die Reinigung vorangeht und die Tugend aus ihr folgt; und ob im Gereinigtwerden oder im Gereinigtsein die Tugend unvollkommener ist; im vollen Gereinigtsein erreicht sie erst gewissermaßen ihr Ziel und Ende. Dies Gereinigtsein seinerseits ist nun aber nur die Entfernung alles Widrigen, das Gute aber noch etwas anderes. Wenn aber in der Seele vor der Unreinheit das Gute war, dann genügt doch die Reinigung? Gewiß, die Reinigung genügt dann; aber das was sie übrig läßt, ist dann das Gute, nicht die Reinigung [...]. Deshalb muß sie sich reinigen zu solcher Vereinigung. Die Vereinigung selbst aber ist Hinwendung. Wendet sie sich denn nach der Reinigung hin? Nein, nach der Reinigung i s t sie hingewandt. Das also ist ihre Tugend? Nein, erst das was die Hinwendung ihr bringt. Und was ist das? Schau; und Abdruck des Gesehenen ihr eingeprägt und in ihr wirkend, wie das Bild auf das Auge.« (I, 341 f.)

Im Wirken der höheren Tugend, der Aktualisierung des Denkens, wird es unmöglich, eine strikte Chronologie ihrer Motivation und ihrer Verwirklichung darzulegen, obschon Plotins Worte den gegenteiligen Eindruck zu erwecken scheinen. Hätte die Seele keine Vorstellung des zu erstrebenden Ziels ihrer Bemühungen, fände sie keine Veranlassung, sich von ihren materiellen Anhaftungen zu reinigen; würde diese Separierung der Vernunft von den körperlichen Affekten nicht angestrebt, könnte das ursprünglich Gute der Seele niemals freigelegt werden; wäre dieses Gute völlig mit dem Bösen verschlungen, könnte die Vernunft nicht das Bild dessen kennen, dem sie sich anzugleichen trachtet. Zum Verständnis dieses komplexen Aktes der Hinwendung zum Guten ist es hilfreich zu berücksichtigen, dass Plotin den Begriff der Tugend in zweifachem Sinne verwendet: Einmal bezeichnet er damit die Tugenden schlechthin, ein andermal die eine höhere Tugend. Die Tugenden bessern zwar den Menschen, »indem sie den Begierden und überhaupt den Affekten Grenze und Maß setzen und das falsche Meinen beseitigen« (I, 337), indem sie also gleichsam den Boden bereiten, auf dem die höhere Tugend dann die letzte und eigentliche Konzentration der Vernunft auf das Gute verwirklichen kann. Ein Mensch, dem die Tugenden gänzlich unbekannt sind, würde dieses Ziel seines Tuns daher schwerlich erkennen, geschweige denn erreichen können. Vor dem Hintergrund dieser Feststellung kann Plotin dann schließlich erklären: »Aber das Trachten sollte ja nicht darauf gehen, ohne Verfehlung zu sein, sondern ›Gott‹ zu sein. Der Mensch nun, dem doch eine unwillkürliche Verfehlung in diesen Dingen vorkommt, der ist Gott und Daimon, also zwiefältig, oder besser, er hat bei sich ein andres Wesen, welches nur niedere Tugend hat. Aber wenn nichts dergleichen ihm widerfährt, dann ist er Gott und nur Gott, allerdings ein Gott von denen, welche dem Ersten nachfolgen. Sein Selbst nämlich ist das was von der oberen Welt herabgekommen ist und das seinem Selbst Entsprechende ist in der oberen Welt [...].« (I, 345)

Unmissverständlich geht aus dieser Formulierung hervor, dass die Gleichwerdung, die der Mensch sich erwirken kann, sich nicht auf das Eine, sondern auf das Göttliche bezieht, das in diesem Kontext eine terminologische Umkleidung des Geist-Begriffes ist. Der Mensch, der das verständige Verhalten aufrichtig praktiziert, ist Gott, er ist Geist, agiert als Geist, denn er hat das Denken seiner Seele von den Affektionen des Körpers gereinigt. In dieser befreiten Verfassung richtet sich das Denken nicht mehr auf einen ihm äußerlichen Gegenstand, wie er durch die Sinneswahrnehmung dargeboten wurde, es wendet sich vielmehr seiner eigenen Tätigkeit und damit seinem eigenen Selbst zu. Das Begreifen des eigenen Wirkens und der eigenen Natur führt den Tugendhaften zugleich zum Erkennen des Ursprungs, zum Verstehen dessen, was der Geist in seiner reinen Aktualität ist. »Da nun die Betrachtung aufsteigt von der Natur zur Seele und von dieser zum Geist, und da die Betrachtungen hierbei immer wesenseigener werden, geeint mit dem Betrachtenden, da schließlich in der Seele des Weisen das durch die Betrachtung Erkannte mit dem Subjekt identisch wird, denn es strebt ja zum Geist hinauf, so ist beim Geiste denn natürlich beides bereits eine Einheit, die nicht mehr auf Wesensaneignung beruht wie noch bei der besten Seele, sondern auf Wesenheit, darauf, daß ›Sein und Denken dasselbe‹ sind. Denn hier ist nicht mehr das eine und das andere unterschieden [...].« (III, 19 f.)

In dem Moment, in dem solches Erkennen möglich wird, ist das Denken des Denkens als Geist von keiner Ablenkung mehr gefährdet, die es von sich selbst entfernen und auf einen ihm äußerlichen Gegenstand lenken könnte. Der so denkende Geist, der nicht mehr nur allgemeiner oder nur menschlicher Natur ist, setzt sich selbst als seinen Inhalt, erkennt sich als der, der er ist, und wird der, den er erkennt. Eine stärkere Intensivierung der reinen Reflexivität des Denkens kann es Plotins Auffassung zufolge nicht geben, es sei denn im Einen. Diesem das Denken als Betätigung zuzusprechen würde, wie sich eingangs gezeigt hat, eine Pluralität in seine wesenhafte Einheit einführen, die ihm gänzlich fremd und unangemessen ist und lediglich dem Bedürfnis des Menschen entspringt, sich durch Begriffe eine Vorstellung von diesem ersten Sein zu erschließen. Es ist auch deutlich geworden, dass dieses Eine – wiewohl unaussprechbar – sich doch dem Weisen entbirgt, und zwar exakt dann, wenn dieser sich selbst als Geist erkennt, das heißt: wenn er sich seiner selbst als seiend bewusst wird. Es gibt also keine Möglichkeit für den Menschen, sich mit dem Einen zu vereinen, da sich in ihm gleichsam die Tatsache des abstrakten Seins verbirgt. Doch indem der Erkennende sich als Geist seiend begreift, wird ihm verständlich, dass es dieses Sein jenseits jeglicher Spezifizierung geben muss, weil er selbst anderenfalls weder Geist noch seiend sein könnte. Diese Einsicht stellt das höchste Ziel desjenigen Menschen dar, der sich nicht mehr damit begnügt, zu sehen, was ist, sondern der das Phänomen zu erklären sucht, dass etwas ist.

»So suche denn auch du bei deiner Suche nichts außerhalb von Jenem, sondern drinnen in ihm alle die Ihm untergeordneten Dinge; Ihn selbst aber laß auf sich beruhen; denn er selbst ist das Draußen, aller Dinge Umfassung und Maß. Oder aber er ist drinnen in der Tiefe und das Andere ist außerhalb von ihm, gleichsam rings ihn berührend und an ihm hängend, alles, was Vernunft und Geist ist; doch eher wäre es in dem Maße Geist, daß es ihn berührt und sofern es ihn berührt und sofern es von ihm abhängt; denn es erhält sein Geistsein erst von Jenem. [...] gleichermaßen also muß man annehmen, daß der Geist und das Seiende, entstanden aus Jenem, gleichsam aus ihm ergossen und entfaltet und abhängend, auf Grund seiner geistigen Wesensart Zeugnis ablegt für den gleichsam im Einen befindlichen Geist, welcher nicht Geist ist, denn er ist Eines [...].« (IV, 51 f.)

Wenn das Denken des Menschen von allem Verarbeiten der sinnlich wahrgenommenen Gegenstände abstrahiert, wenn es nicht mehr etwas Bestimmtes denkt, wenn es hingegen versucht, nur noch zu denken, enthüllt sich ihm nicht mehr diese oder jene Gestalt dieses oder jenes Seienden, sondern die reine Tatsache, dass hier etwas Seiendes vorliegt, das ist, weil es Sein gibt. Nach all den Ausführungen zu kosmologischen und anthropologischen Fragen kehrt Plotin wieder zu dem ursprünglichen Motiv des Seins und des auf ihm gründenden Seienden zurück. Jetzt trägt er seine Überzeugung der Einheit des Seins aber nicht mehr nur als sachliche Erörterung vor, sondern in der Form einer Aufforderung, die an den Menschen ergeht. Das eigentliche Ziel all seiner erkennenden Bestrebungen soll darin liegen, diese Tatsache zu verstehen. »So möge man denn, angefeuert auf dem Weg zu Jenem durch das, was wir darlegten, Jenes selber ergreifen, dann wird man es selbst schauen, wird freilich ebenfalls nicht all das, was man möchte, aussagen können.« (IV, 55) Wie sollte der Weise auch das Sein selbst beschreiben können, ist doch die Sprache die Begrifflichkeit des Seienden, die folglich auch in dessen Bezeichnung ihre ultimative Grenze findet. »Denn da die Erkenntnis der übrigen Dinge wiederum vermöge des Geistes geschieht, und da man durch den Geist nur Geist erkennen kann, durch welche plötzliche Intuition soll man da dieses Dinges habhaft werden, welches das Wesen des Geistes eben überschreitet?« (III, 25) Wenn die Erkenntnis des Einen schon nicht möglich ist, dann muss es doch einen verstehenden Weg geben, auf dem sich der Mensch der immer währenden Präsenz dieses Seins versichern kann, da er ja dessen Einheit in jedem Augenblick seines bewussten wie unbewussten Existierens bezeugt. Wie soll dieses Begreifen des Seins also benannt werden? Als Intuition, Schau, Selbstvergewisserung? Plotin kennt verschiedene Bezeichnungen für diesen einen Akt des menschlichen Staunens, das als Selbst-bewusst-Sein Bewusstsein des Seins ist.

»Haben wir damit genug gesagt und dürfen uns empfehlen? Nein, die Seele ist noch trächtig, ja ist's noch mehr als zuvor [...]. Sie hat zwar alles Wahre durchmustert, auch alle jene Wahrheit, an der wir Anteil haben, trotzdem aber macht sie sich davon, wenn einer will, daß sie aussagt und gliedernd denkt; denn das gliedernde Denkvermögen muß, um etwas aussagen zu können, eines nach dem andern ergreifen, denn erst so kommt ja der Ablauf des Denkens zustande. Bei dem aber, welches schlechthin einfach ist, wie soll es da einen Ablauf des Denkens geben? Nein, dort genügt auch wohl ein geistiges Berühren. Indem man aber berührt, hat man, in dem Augenblick, wo man berührt, überhaupt weder Vermögen noch Muße, irgend etwas auszusagen, sondern man reflektiert nachträglich darüber. Man muß aber annehmen, daß man Jenen in dem Augenblick gesehen hat, wo die Seele mit eins von einem Licht erfüllt wird, denn das kommt von Ihm, das ist Er selbst; und in dem Augenblick soll man glauben, daß Er zugegen ist, wo er wie ein anderer Gott, den jemand in sein Haus herbeiruft, erscheint und ihm leuchtet [...]. So ist denn auch die Seele, wenn sie von Jenem unerleuchtet ist, gottlos, ist sie aber erleuchtet, so hat sie, was sie suchte. Und das ist das wahrhafte Endziel für die Seele: Jenes Licht anzurühren und es kraft dieses Lichtes zu erschauen [...]. Denn das, wodurch sie erleuchtet wurde, ist eben das Licht, das es zu erschauen gilt [...]. Und wie kann dies Ziel Wirklichkeit werden? Tu alle Dinge fort!« (V, 169 f.)

8. Plotins Auseinandersetzung mit Platon

Das Einheitsdenken Plotins, das er in seinen *Enneaden* entwickelt und darstellt, resultiert – wie sich gezeigt hat – aus seinem eigenen philosophischen Bedürfnis. Sein Versuch, diesem Bedürfnis nachzukommen, ist dabei keineswegs voraussetzungslos, denn natürlich sind das Eine und die Einheit im Rahmen der griechischen Philosophie ebenso Thema gewesen wie das Sein und das Denken. So nennt Plotin selbst zwei Theoretiker, die der Frage nach dem einen Sein bereits vor ihm nachgegangen sind: Parmenides und Platon. Während er jedoch auf die Auffassung des Parmenides nicht näher eingeht, beruft er sich explizit auf Platon, den er offensichtlich als Gewährsmann für eine gewisse Seriosität des Einheitsdenkens heranziehen will.

Plotin schreibt: »Weiter nennt er [Platon] an vielen Stellen das Seiende und den Geist Idee. Somit hat Platon gewußt, daß aus dem Guten der Geist und aus dem Geist die Seele hervorgeht. Diese Lehren sind also nicht neu, nicht jetzt erst, sondern schon längst, wenn auch nicht klar und ausdrücklich, gesagt, und unsere jetzigen Lehren stellen sich nur dar als Auslegung jener alten, und die Tatsache daß diese Lehren alt sind, erhärten sie aus dem Zeugnis von Platons eigenen Schriften.« (I, 229) An keiner anderen Stelle der *Enneaden* schließt sich Plotin so ausdrücklich der Meinung eines Vorgängers an und bezeichnet seine eigene Theorie schlicht als »Auslegung« bereits vor langer Zeit entstandener Gedanken. Sehr deutlich gibt Plotin zu erkennen, auf welche

Aussagen Platons er sich stützt: Die Seele geht aus dem Geist hervor, der seinerseits dem Guten nachfolgt. Damit verweist Plotin unmissverständlich auf Platon als den Urheber jener Theorie der stufenweisen Entwicklung des Seienden, die ein Kernstück seines eigenen Denkens darstellt.

Es mag sicherlich von Vorteil sein, sich bei der Formulierung einer sehr folgenreichen Konzeption auf eine anerkannte Autorität wie Platon berufen zu können, denn selbst in der gewaltigen Meinungsvielfalt im 2. Jahrhundert gilt Platon noch immer als einer der bedeutendsten Geister. Doch warum greift Plotin, der sonst keineswegs den Eindruck erweckt, seine Meinungen durch derartige Rückversicherungen stützen zu müssen, zu diesem Mittel? Natürlich ist es an dieser Stelle unmöglich, dezidiert auf die gesamte Auseinandersetzung Plotins mit Platon einzugehen, deshalb soll dieser Frage hier in der gebotenen Kürze nachgegangen werden.

Nach eigener Aussage versteht Plotin seine Gedanken zur Einheit des Seins als »Auslegung« der platonischen Theorie – doch ist eine solche Interpretation etwas anderes als eine schlichte Adaption. Zur Verdeutlichung sei zunächst gefragt, ob denn Platon tatsächlich den Gedanken der Einheit gekannt und in ähnlicher Weise wie Plotin behandelt hat. Das Problem der Einheit stellte sich auch für Platon, und zwar in erster Linie im Rahmen seiner Ideen-Lehre, muss er doch klären können, wie sich die Idee als das ideale Urbild zu dem konkreten Gegenstand verhält, der ihr Abbild ist. Genau diese Relation des Idealen zum Konkreten konnte Platon jedoch nicht in zufrieden stellender Weise darlegen, wie zumindest Aristoteles in seiner *Metaphysik* kritisiert: »Auch die Behauptung, es handle sich bei ihnen [den Ideen] um Urbilder und die anderen Dinge hätten an ihnen Anteil, bedeutet nichts weiter als leeres Gerede [...]. Weiter müßte es mehrere Urbilder ein und desselben Dinges geben, also auch mehrere Formen, beispielsweise vom Menschen ›das Lebewesen‹ und ›das Zweifüßige‹ und zugleich ›den Menschen an sich‹.«[2] Um die Gestaltung eines einzigen Lebewesens begründen zu können, müsste es laut Aristoteles mindestens drei Ideen geben, die sich auf jeweils unterschiedliche Aspekte dieses Lebewesens richten. Abgesehen davon, dass damit eine unnötige und letztlich unzulässige Vervielfältigung der Wesenheiten erforderlich wird, taugen die Ideen nicht zur Erklärung der Beschaffenheit des Seienden. Eine weiterführende Frage ließe sich auf der Grundlage der aristotelischen Position stellen: Wenn es tatsächlich die Mannigfaltigkeit der Ideen geben sollte, müssen sie sich dann nicht irgendeinem Ordnungsschema fügen, oder anders formuliert, muss es dann nicht eine höchste Idee geben, die gleichsam als Urbild der Urbilder erscheint? Und im plotinischen Sinne würde die Frage lauten: Bilden die Ideen eine Einheit und sind demnach das Eine schlechthin, oder zerfallen sie vielmehr in eine Vielfalt und können so höchstens auf der Stufe des Geistes angesiedelt werden?

In seinem Dialog *Parmenides* untersucht Platon dieses schwierige Verhältnis vom Einen zum Vielen anhand zweier Thesen und einer Vermittlung. Die erste These lautet: »[...] wenn Eins ist, so kann doch wohl das Eins nicht Vieles sein.«[3] Denn dann gäbe es lediglich das Eine, das neben sich kein Anderes und damit kein Vieles zulassen würde. »Das Eins also, wie es scheint, da es eben in keiner Weise der Verschiedenheit teilhaftig werden kann, ist auch in keiner Weise unähnlich weder sich selbst noch etwas anderem? Nein.«[4] Vielleicht würde diese Bestimmung der plotinischen Deutung des Einen am nächsten kommen, wenn Platon sie tatsächlich vertreten wollte. Im Kontext seines Dialoges stellt diese Auffassung jedoch nur eine hypothetische Annahme dar, die Platon dann in ganz und gar unplotinischem Sinne ausklingen lässt, wenn er feststellt: »In keiner Weise also hat das Eins am Sein teil.«[5] Denn selbst die Zutat des Seins würde eine Vervielfältigung des Einen bedeuten, die dessen Einheit zunichte machen würde. Antithetisch fährt Platon fort: »So betrachte dir die Sache noch einmal wieder von vorne an: Wenn Eins i s t, ist es da wohl möglich, daß es i s t und doch keinen Anteil am Sein hat? Nein. Also gibt es auch ein Sein des Eins, welches nicht einerlei ist mit dem Eins.«[6] Dieses Sein wäre dann aber das Andere des Einen, das dessen Einheit sprengt und es zum Vielen macht. Eine Konstruktion wie diejenige, die Plotin formuliert, scheint bisher für Platon nicht in Betracht zu kommen, da seiner dialektischen Darstellung zufolge entweder das *Eine* ist, ohne sein zu können, oder das Eine *ist*, ohne Einheit sein zu können. Soll es eine Größe geben, der sowohl die Einheit als auch das Sein zukommen, so können diese beiden Zustände wohl nur im zeitlichen Wandel begriffen werden. »Wir wollen jetzt auch noch das Dritte besprechen: Wenn das Eins so beschaffen ist, wie wir es erörtert haben, muß es da nicht notwendig, da es sowohl Eins ist als auch Vieles und wiederum weder Eins noch Vieles und dabei an der Zeit teil hat, – muß es da nicht, sage ich, notwendig, insofern es wirklich Eins ist, zu irgend einer Zeit am Sein teil haben, insofern es aber dies nicht ist, zu irgend einer Zeit wiederum nicht teil haben?«[7] Das würde jedoch bedeuten, dass das Eine einmal seiend und einmal nicht seiend wäre und, insofern es seiend wäre, nicht mehr Eines sein könnte – eine Konsequenz, die für Plotin völlig unbefriedigend ist. Platon beschließt seinen *Parmenides* mit folgenden Worten: »So wollen wir denn auch einerseits dies aussprechen und andererseits unser Gesamtergebnis dahin zusammenfassen, daß, wie es scheint, das Eins mag nun sein oder nicht sein, sowohl es selbst als alles Andere, jedes für sich und alles in bezug auf einander, alles auf alle Weise ist und nicht ist und zu sein scheint und nicht scheint.«[8]

Wenn es für Platon überhaupt eine Möglichkeit gibt, das Eine mit dem Sein verknüpft zu denken, dann ist eine zeitliche Gleichheit, wie sie Plotin vorschwebt, für ihn völlig indiskutabel. Beide Zustände – der des Eins-*Seins* und derjenige des *Eins*-Seins – könnten sich höchstens in zeitlicher Folge realisieren, doch wäre dann die Identität ihres Trägers nicht mehr zu gewährleisten. Für Plotin ist das Eine aber eben nicht als Träger verschiedener und sogar gegensätzlicher Zustandsweisen zu verstehen, da es dann ja ein Vieles sein müsste. Damit weicht er in seiner Interpretation des Einen erheblich vom platonischen Vorbild ab und denkt dasjenige als vereint, was für Platon unmöglich zeitgleich zu bestehen vermag – das Eine und das Sein.

9. Die Fortwirkung des Neuplatonismus plotinischer Prägung

Ohne sein tiefes Verständnis für die menschliche Seele bliebe Plotins Seins-Lehre abstrakte Theorie, die nicht einmal dazu geeignet wäre, sein eigenes Verlangen nach Sicherheit zu befriedigen. In all seinen Schriften verfolgt er ein doppeltes Ziel: Er will dem Menschen die Augen für den Aufbau des Universums auf der Grundlage des Seins öffnen und dem von vielerlei Weisheiten Verunsicherten den Weg zur Glückseligkeit, das heißt zum Verstehen der Wirklichkeit weisen. Ontologisches und anthropologisches Denken verknüpfen sich für Plotin unauflöslich; er schreibt und argumentiert für all jene, die wie er selbst die unbeirrbare Ruhe des Denkens zu erreichen suchen. Der vollkommene Grad des In-sich-Ruhens wird schließlich erreicht, wenn der Mensch ganz Geist geworden und damit befähigt ist, das Eine, das jenseits alles Seienden liegt, zu schauen. Weit davon entfernt, ein beliebiger Akt des Erkennens zu sein, eröffnet die Schau die ultimative Einsicht in die ewig unwandelbare Struktur des Seins, die sich jeder sprachlichen Vermittlung entzieht. Das Eine, Jenseitige kann erfahren, doch nicht im eigentlichen Sinne verstanden werden. Diese Gewissheit des Unbenennbaren, die der Weise in der Schau erlangen kann, ist ein Gedanke Plotins, der immer wieder im Rahmen der »negativen Theologie« betrachtet wird, jener religiös-spekulativen Bestrebung, das Göttliche vor jeglichem Vergleich mit dem Kreatürlichen zu bewahren. Ontologische, anthropologische und theologische Motive finden sich nicht nur in den Werken Plotins, sondern auch mit wechselnder Akzentuierung in den Texten der Neuplatoniker, die antreten, das plotinische Erbe zu erhalten und zu interpretieren. Die Nachwirkung der *Enneaden* erschöpft sich jedoch keineswegs in diesen teils referierenden, teils aber auch verfremdenden Deutungen des Einheitsgedankens, sondern reicht noch weit über das viel berufene Ende der griechischen Philosophie hinaus. Kaum ein anderer Denker der antiken Tradition hat wie Plotin die Theoretiker späterer Epochen fasziniert.

Doch woraus resultiert der merkwürdige Reiz, den das Denken eines Mannes ausübt, der das menschliche Denken in seine Grenzen weist und als höchsten Begriff seines gesamten Systems eine im eigentlichen Sinne undenkbare Größe setzt? Ist es nicht gerade der Eindruck einer tiefen intellektuellen Redlichkeit, den die *Enneaden* bei Plotins Zeitgenossen und zahlreichen späteren Denkern hinterlassen? Nicht, dass etwa die Dialoge Platons oder die diversen Schriften des Aristoteles dieses Bild nicht vermitteln würden – ganz im Gegenteil. Doch in weitaus stärkerem Maße als diese beiden ist Plotin als der die Wahrheit Suchende in all seinen Lehrtexten präsent, denn er versucht seinen Schülern das zu vermitteln, was ihn selbst aus der Unsicherheit des Denkens befreite. Er lässt sie an seiner Erfahrung des Einen teilhaben und bietet den verunsicherten Zeitgenossen den Fixpunkt, auf den sie ihren Geist zentrieren können, damit er zur Ruhe gelangt. Plotin versteht es, dem Bedürfnis des Menschen im 2. Jahrhundert nachzuspüren, dem es nicht nur um sichere Erkenntnis und ein allgemein verbindliches Wertesystem geht, sondern auch um die Erklärung seiner existenziellen Zerrissenheit, seiner Unsicherheit, ja vielleicht sogar seiner Verzweiflung. Dabei belässt er es nicht bei einer zwar brillanten, aber leblosen Diagnose des Übels, unter dem der Mensch leidet, sondern formuliert die Therapie, die zu helfen vermag. Der Mensch, der sich in größter

Ferne vom Einen befindet, kann aus eigener Kraft diese Distanz auflösen und sich selbst zu jenem Wesen bestimmen, das das Eine schaut. Kein Zustand des Unglücks muss dauerhaft gelten, denn er kann vom Menschen beendet und in sein Gegenteil verwandelt werden.

Damit spricht Plotin einen Gedanken aus, der gerade in der Zeit des an Einfluss gewinnenden Christentums von immenser Bedeutung ist. Wenn auch die großen Systeme des Platon und des Aristoteles längst nicht mehr die Überzeugungskraft haben, die sie zu Zeiten ihrer Entwicklung auszeichnete, so stellen sie neben diversen kleineren Lehrtraditionen noch immer die beiden Pfeiler der griechischen Philosophie dar, an denen unmöglich vorbeisehen kann, wer die Frage nach der menschlichen Glückseligkeit beantworten will. Genau dieses Problem thematisieren die ersten Theoretiker der christlichen Religion. Das, was als eine mündlich tradierte Lehre begann, muss nun in eine dogmatische Form gefügt werden, um verbindliche Grundlage des Glaubens werden zu können. Warum sollten die Theologen in ihrem anspruchsvollen Bemühen nicht geistige Anleihen bei solchen Philosophen vornehmen, die bereits artikulierten, was sie in Worte zu kleiden versuchen? Und Plotin ist ein solcher Philosoph, der das Suchen des Menschen und die Gewissheit seiner Verwurzelung im umfassenden Sein in emphatischer Weise beschreibt.

In der Zeit der sogenannten Patristik, der Übergangsphase vom Altertum zum Mittelalter, greifen zwei Denker das Bild des Leidenden, Verirrten und Suchenden auf und beschreiben damit exakt die emotionale und mentale Verfassung des Menschen, die Plotin zur Darstellung seines Einheitsgedankens veranlasste: Aurelius Augustinus (354-430) und Anicius Manlius Severinus Boethius (480-525). Die bei Plotin nur angedeutete Sehnsucht des Menschen nach dem Zustand der Ruhe in der Gewissheit des Einen steigert sich in den *Confessiones* des Augustinus zur Verzweiflung des Umgetriebenen, der in keiner flüchtigen Ablenkung dauerhafte Heilung von seinem Leiden erfährt. »O törichter Mensch, der Menschliches maßlos leidet! So war ich damals [...]. Ich trug meine Seele zerschlagen und blutend herum, und sie hielt es nicht aus, daß ich sie noch trug, und ich fand doch keine Stätte, sie niederzulegen.«[9] Die Seele nimmt ihren eigenen Zustand überdeutlich wahr, kennt jedoch noch nicht das Mittel, das ihrem Sehnen andauernde Befriedigung gewähren wird. Die Entfernung der Seele vom ursprünglichen Einen, die Plotin immer wieder beschreibt, wird nun zur Gottferne des Menschen – ein Gedanke, der das plotinische Vorbild zwar in einer bestimmten Richtung festlegt, es aber nicht grundlegend umformt. Plotin fragt stets nach dem Göttlichen und dem Sein und belegt ihre wesentliche Identität, wohingegen für Augustinus nur mehr der Aspekt der Göttlichkeit von Interesse ist. Im Verständnis des Menschen, der diese höchste, nicht mehr denkbare Größe dennoch zu erfahren versucht, stimmen beide Denker dann ebenso überein wie in ihrem Bestreben, die Erhabenheit des Ersten trotz aller grundsätzlichen Unmöglichkeit zu artikulieren. Augustinus schreibt zum Beispiel rund zweihundert Jahre nach Plotin: »Was also bist Du, mein Gott? [...] Du, über alles bist Du der Hohe, der Gute, der Mächtige, der Allmächtige, der Erbarmende, der Gerechte, der Geheime und der Offenbare, der Schöne und der Gewaltige, der Feste und der Unergreifliche, der Unwandelbare, der alles wandelt: [...] immer bist Du der Wirkende, immer der Ruhende, bist der Sammelnde und nichts Bedürftige, bist der Tragende, Erfüllende, Schirmende über allem, bist der Erschaffende, Nährende und Vollendende, bist Suchender, obgleich doch nichts Dir mangelt.«[10] So viele Worte, um das Unbeschreibliche zu beschreiben, so viele Attribute für ein Wesen, das aller Attribute bar ist. Sowohl Plotins

Kennzeichnung des Einen als auch Augustinus' Versuch, Gott zu umschreiben, leben aus der Negation und sogar aus dem Paradox. Sie erheben das Göttliche über alle Eigenschaften, die dem Menschen zugesprochen werden können und charakterisieren es, indem sie normalerweise gegensätzliche Merkmale auf das Höchste beziehen. Anders als Plotin, der das Eine für undenkbar, allenfalls für erfahrbar hält, ist Augustinus von der Denkbarkeit Gottes überzeugt. Doch ein vollkommeneres Wesen als Gott vermag kein Geist zu erfassen. »Es hat doch nie eine Seele etwas zu denken vermocht oder wird es je vermögen, was besser wäre als Du, der das höchste und beste Gut ist.«[11]

Die *Enneaden* wie auch die *Confessiones* bezeugen in extremem Maße die Gewissheit ihrer Verfasser, dass sich das Eine und das Göttliche dem menschlichen Blick enthüllen. Plotin zweifelt nicht einen Augenblick an dieser Tatsache, weil sich das Sein ja in allem Seienden zu erkennen gibt und nicht zuletzt am eigenen Sein des Menschen erlebbar wird. Die Überzeugung des Augustinus stützt sich auf die Offenbarung Gottes, in der er sich dem Menschen zu erkennen gibt. Gott teilt sich dem Menschen immer wieder durch unübersehbare Zeichen seiner Allgegenwart mit, am deutlichsten durch die Sendung seines Sohnes auf die Erde. »Aber der wahrhafte Mittler, den Du in geheimnisvoller Erbarmung den Menschen angezeigt und gesandt hast, damit an seinem Beispiel auch sie die Demut lernten, jener ›Mittler zwischen Gott und den Menschen, der Mensch Jesus Christus‹, ist zwischen die sterblichen Sünder und den unsterblichen Gerechten getreten, [...] auf daß er [...] den Tod vernichtige, den er mit ihnen gemeinsam haben wollte.«[12] Die direkte Erfahrbarkeit des einen Seins, von der Plotin seine Schüler überzeugen wollte, wird hier durch die vermittelte Erfahrung Gottes durch seinen Sohn ersetzt. Obwohl sich an dieser Stelle das ontologische Denken Plotins und das theologische Denken des Augustinus gegenüberstehen und sich ihrer je eigenen Mittel der Argumentation bedienen, drückt sich doch bei beiden die Gewissheit der Einbindung des einzelnen Menschen in ein ihn bergendes Gesamt aus. In beiden Vorstellungen ist der Mensch niemals ganz verloren, er hat zu keiner Stunde tatsächlichen Grund zur Verzweiflung, denn er ist niemals der Einsame, der er vielleicht zu sein glaubt. In diesem Motiv zeigt sich die deutlichste Übereinstimmung zwischen plotinischem und christlichem Verständnis; es ist das Wissen um Elend und Glück des Menschen, das sie eint.

Auch Boethius, neben Augustinus der zweite große Theoretiker, der dem antiken Denken noch verhaftet ist und in seinem Werk zugleich das Vorstellungsspektrum des Mittelalters prägt, steht in seiner wichtigsten Schrift, dem *Trost der Philosophie*, ganz in der plotinischen Tradition. In der berühmten und durch den biografischen Hintergrund besonders ergreifenden Szene, in der Boethius, im Kerker seine Hinrichtung erwartend, der personifizierten Philosophie begegnet, wird beides deutlich: die Verzweiflung des Menschen und sein Trost. Boethius notiert die Worte der Philosophie, die ihm in Gestalt einer Frau erscheint: »Ich kenne nun auch die andere und größere Ursache deiner Krankheit, sagte sie: du weißt nicht mehr, was du selbst bist [...]. Weil du von Vergessenheit deiner selbst verwirrt bist, fühlst du dich schmerzlich als verbannt und der eigenen Güter beraubt [...]. Weil du vergessen hast, mit welchen Mitteln die Welt regiert wird, meinst du, daß die Wechselfälle des Glücks ohne Lenker umherwogen.«[13] Wiederum wird hier ein Mensch beschrieben, der sich nicht mehr der zuverlässigen und einzig wahren Quelle seiner Glückseligkeit bewusst ist, der sich von den vielen Ablenkungen und Verwirrungen des Lebens hat hinreißen lassen.

Ein Großteil der Faszination, die von Plotins Schriften noch heute ausgeht, resultiert sicherlich aus ihrer Emotionalität, die jedoch alles andere als unreflektierte Gefühlsverlorenheit ist. In seinen Texten greift Plotin die Stimmung des Menschen am Ende einer rund achthundertjährigen Entwicklung der Philosophie auf und zeichnet das Bild des Suchenden und nach geistiger Orientierung und emotionaler Beruhigung Fragenden. Genau diesen Aspekt seines Denkens greifen denn auch Augustinus und Boethius auf und bahnen damit der stärkeren Berücksichtigung menschlicher Subjektivität innerhalb der Philosophie den Weg. Für die moderne Existenzphilosophie ist es längst keine Besonderheit mehr, etwa die Angst als eine der Triebfedern menschlichen Erkennens zu bezeichnen; Beispiele hierfür finden sich nicht nur bei Sören Kierkegaard, sondern auch bei Martin Heidegger und Jean-Paul Sartre. Die Möglichkeit, Empfindungen in den philosophischen Kontext zu integrieren und sie nicht als Blendwerk des Körpers zu diffamieren, ist das Ergebnis einer philosophischen Entwicklung, die in Plotin zwar nicht ihren Urheber, doch zumindest ihren Wegbereiter fand. Hiergegen könnte eingewendet werden, dass Plotin doch insoweit dem platonischen Denken verhaftet ist, als auch er letztlich zu einer Lösung des Geistes von jeglicher Beeinflussung durch die Emotionen und Affekte des Körpers aufruft – ein Hinweis, der völlig zu Recht erfolgen kann. Die Einschätzung der Bedeutung Plotins für die Folgezeit bezieht sich allerdings nicht auf seine dezidierte Theorie der Emotionen, sondern auf seinen Versuch, der existenziellen Sorge seiner Zeitgenossen ein Wirklichkeitsbild entgegenzusetzen, das das Gefühl der intellektuellen Geborgenheit vermittelt. In diesem Sinne weiß auch Boethius, dass das Heilmittel gegen die menschliche Verzweiflung einzig in der Erkenntnis seiner Herkunft und in der Hinwendung zu diesem Einen besteht, das mit ebenso viel Berechtigung als das Sein wie als Gott tituliert werden kann. In seinem *Trost der Philosophie* schreibt Boethius daher: »Vater, verleih meinem Geist, den himmlischen Sitz zu ersteigen, gib ihm zu schauen die Quelle des Guten, gib du ihm wieder Licht des Geistes, daß er auf dich nur richte die Augen. Scheuche die irdischen Nebel, zerstöre die wuchtenden Lasten. Leuchte du auf mit deinem Glanz; denn du bist die Helle, Du besel'gende Ruh den Frommen, dich schauen ist Ende, Ursprung, Führer, Erhalter und Weg und Ende du selber.«[14]

Vielleicht ist eines mittlerweile deutlich geworden: Es sind nicht bestimmte Beweise, die Plotin in seinen *Enneaden* anführt, und es sind nicht einzelne Theorie-Elemente, die seine Schüler fesselten und die noch immer beeindrucken. Das Besondere des plotinischen Systems liegt in seiner kompakten Geschlossenheit und Einheitlichkeit. Göttliches und Kreatürliches, Jenseitiges und Irdisches sind keine sich gegenseitig ausschließenden Bereiche mehr, sondern fügen sich zu einer einzigen Wirklichkeit. Plotin konnte dieses Bild der Realität auf der Grundlage seiner Seins-Interpretation entwerfen, weil er die Vorstellung eines willentlich agierenden Gottes nicht berücksichtigen musste. Wie sich aber schon gezeigt hat, kann die Einheit der Wirklichkeit durch das christliche Denken radikal infrage gestellt werden, da sich Schöpfer und geschaffene Welt zunächst unvermittelt gegenüberstehen. Ist damit das plotinische Einheitsmotiv nicht länger tolerierbar, ist sein Denken also doch nur eine letzte Erscheinung der sich allmählich auflösenden Gültigkeit der griechischen Philosophie? Am Beispiel des Augustinus und des Boethius zeigte sich bereits, dass dies nicht der Fall ist und dass Plotins Denken auch noch im 5. Jahrhundert zu begeistern vermochte.

Noch tausend Jahre später findet sich das Nachklingen des plotinischen Erbes in den Schriften eines Theoretikers, der zu den bedeutendsten seiner Zeit zählt. Cusanus, d.i. Nikolaus von Kues (1401-1464), Theologe und Kardinal, folgt Plotin in den beiden wichtigsten Aspekten seines Denkens – in der Vorstellung der Unbenennbarkeit Gottes und im Bild der einheitlichen

Wirklichkeit. Damit bestätigt Cusanus, dass sich das plotinische Modell durchaus mit christlichem Denken vereinbaren lässt. Fast scheint es, als hätte er Worte aus den *Enneaden* aufgegriffen, wenn Cusanus in seiner *Belehrten Unwissenheit* schreibt: »Die heilige Unwissenheit hat uns belehrt, daß im Ersten nichts aus sich sei außer dem schlechthin Größten; in ihm sind aus-sich, in-sich, durch-sich und auf-sich hin dasselbe, nämlich das absolute Sein selbst. Sie hat uns ferner gelehrt, daß notwendig alles, was ist, das, was es ist und soweit es ist, von ihm ist [...] Da aber das Gesamt so in Jedem ist, weil Jedes in ihm ist, ist es in Jedem in Verschränkung das, was dieses als Verschränktes ist, und Jedes ist im Gesamt dieses selbst, obwohl das Gesamt in Jedem und Jedes im Gesamt auf verschiedene Weise ist.«[15] Nach Nikolaus von Kues besteht die einzige Möglichkeit, sich dem Göttlichen denkend zu nähern, in der »heiligen Unwissenheit«, der Negation jeden positiven Wissens von Gott. Doch wie Plotin ist Cusanus davon überzeugt, dass der Mensch Gottes Präsenz in jedem Augenblick erfahren kann, da sich der Mensch in jedem Augenblick als Teil des Gesamts der Wirklichkeit zu begreifen vermag. Wenn Plotin von der Emanation des Seins aus dem Einen spricht, wählt Cusanus zur Bezeichnung desselben Vorganges den Begriff der Verschränkung. Sein und Seiendes, Verschränktes und dessen Verschränkung bilden die zwei Zustandsweisen der einen Wirklichkeit.

Weitere zweihundert Jahre später wird schließlich Baruch de Spinoza (1632-1677) in seiner *Ethik* erklären, »was unter ›schaffender Natur‹ und unter ›geschaffener Natur‹ zu verstehen ist [...]. Denn wie ich glaube, ergibt sich bereits aus dem Bisherigen, daß wir unter ›schaffender Natur‹ das zu verstehen haben, was in sich ist und durch sich begriffen wird [...], d.h. [...] Gott, insofern er als freie Ursache betrachtet wird. Unter ›geschaffener Natur‹ aber verstehe ich alles dasjenige, was aus der Notwendigkeit der Natur Gottes folgt [...].«[16] Einerseits geben diese Zeilen Spinozas unmissverständlich zu erkennen, dass Gott die freie Ursache dessen ist, was ist; doch andererseits wirkt er aus Notwendigkeit und erschafft so eine Natur, die der seinen vergleichbar ist. Auch wenn Spinoza von Gott als dem einzigen Wesen spricht, das »in sich ist«, ist dieses nicht mehr der Gottesbegriff, der der Religion zugrunde liegt und für Spinoza als Juden Verbindlichkeit hätte beanspruchen können. Am Anfang der Zeit steht kein Wesen, das dem Ratschluss seines Willens folgend eine Welt hervorbringt, die es als seine Schöpfung betrachten kann. Als Ursache des Seins der Welt betrachtet Spinoza ein Wesen, das in sich ruht und doch sein Sein entäußert; nicht weil es dieses will, sondern – wenn hier eine etwas despektierliche Formulierung erlaubt ist – weil es nicht anders kann. Auch in der *Ethik* zeigt sich das Bild einer umfassenden Struktur, die nicht wie bei Plotin als »Sein« und nicht wie bei Cusanus als »Verschränkung«, sondern als »Natur« bezeichnet wird. Spinoza geht damit einen Schritt über seine beiden bedeutenden Vorgänger hinaus. Denn er bemisst diese Gesamtwirklichkeit nicht nach dem Einen, Göttlichen, sondern eher nach dem Vielfältigen, Geschaffenen – nach der Natur. Die Präsenz des Göttlichen war dem Menschen auch schon nach plotinischem und cusanischem Verständnis zugänglich gewesen, da er sie stets im Faktum des Seins der Welt und seiner eigenen Person verbürgt fand. Um aber das Eine tatsächlich schauen zu können, musste sich der Mensch von der Betrachtung des Seienden lösen und sich ganz dem Sein zuwenden. Spinoza ist davon überzeugt, dass der Mensch Gott auch in seinen Werken zu erkennen vermag, weshalb er denn seiner Ansicht nach nicht mehr der Unbenennbare ist, sondern derjenige, dem die Bezeichnung der schaffenden Natur ohne Probleme zuerkannt werden kann.

Auf Goethe und Hölderlin übt diese interpretierende Vermittlung der plotinischen Einheitstheorie schließlich ebenso großen

Einfluss aus wie auf die Dichter und Philosophen der Romantik. Es ist kein Wunder, dass Plotin Poesie und Philosophie dieser Zeit in ähnlich intensiver Weise geprägt hat, ist doch die Grenze zwischen beiden in dieser Epoche äußerst fließend. Jeder Versuch, einen einigermaßen repräsentativen Überblick über die Nachwirkung des plotinischen Denkens in der Folgezeit erstellen zu wollen, kann zwangsläufig immer nur einer subjektiven Auswahl folgen; so gibt es zweifellos zahlreiche Autoren und Texte, auf die verwiesen werden könnte, die jedoch hier keine Berücksichtigung finden.

Abschließend sei nun nochmals auf Martin Heidegger (1889-1976) hingewiesen, dessen ontologische Konzeption eine tiefe geistige Verwandtschaft mit dem Seins-Verständnis Plotins erkennen lässt. In seinem kleinen Text *Was ist Metaphysik?* zeichnet Heidegger das Bild seiner Zeit, in der die Frage nach dem Sein zunehmend durch das Vertrauen auf das Seiende verdrängt worden ist. In diesem Zustand der »Seinsvergessenheit« sieht sich Heidegger genötigt, eine andere Qualität des Denkens zu fordern, die sich nicht in der Bewältigung des vielfältigen Seienden erschöpft, sondern das Sein zu begreifen versucht. Obwohl beinahe 1700 Jahre seit Plotins Lehrtätigkeit in Rom vergangen sind, klingen die folgenden Worte Heideggers doch so, als entstammten sie den *Enneaden*: »So liegt alles daran, daß zu seiner Zeit das Denken denkender werde. Dahin kommt es, wenn das Denken, statt einen höheren Grad seiner Anstrengung zu bewerkstelligen, in eine andere Herkunft gewiesen ist. Dann wird das vom Seienden als solchem gestellte und darum vorstellende und dadurch erhellende Denken abgelöst durch ein vom Sein selbst ereignetes und darum dem Sein höriges Denken.«[17]

Anhang

Anmerkungen

1 Heidegger, M., Sein und Zeit, 12. Aufl., Tübingen 1972, c. 1, § 2, S. 6 und c. 2, § 7, S. 27.
2 Aristoteles, Metaphysik. Schriften zur Ersten Philosophie, übers. von F. F. Schwarz, Stuttgart 1970, 991a20/25.
3 Platon, Parmenides, übers. von F. Susemihl, in: ders., Sämtliche Werke, Bd. 2, Heidelberg 1966, 137 c.
4 Ebenda, 140 b.
5 Ebenda, 141 e.
6 Ebenda, 142 b.
7 Ebenda, 155 e.
8 Ebenda, 166 c.
9 Augustinus, A., Confessiones/Bekenntnisse, übers. von J. Bernhart, Frankfurt/M. 1987, IV, S. 157.
10 Ebenda, I, S. 17.
11 Ebenda, VII, S. 311.
12 Ebenda, X, S. 597.
13 Boethius, A.M.S., Trost der Philosophie, übers. von E. Gegenschatz/ O. Gigon, München 1991, I, S. 84.
14 Ebenda, III, S. 131.
15 Nikolaus von Kues, Docta ignorantia/Die belehrte Unwissenheit, in: ders., Philosophisch-theologische Schriften, Bd. 1, hrsg. von L. Gabriel, übers. von W. Dupré, Wien 1964, S. 323/347.
16 Spinoza, B. de, Ethica/Die Ethik, übers. von J. Stern, Stuttgart 1984, I, p. 29, S. 73 f.
17 Heidegger, M., Was ist Metaphysik?, 14. Aufl., Frankfurt/M. 1992, S. 13.

Literaturhinweise

1. Werke Plotins

Plotins Schriften, übers. von R. Harder, Bd. I-Vc, Hamburg 1956-1958.
The Enneads, übers. von S. Mac Kenna, London 1991.

2. Sekundärliteratur

About, P.-J., Plotin et la quête de l'un, Paris 1973.

Armstrong, A.H., The architecture of the intelligible universe in the philosophy of Plotinus, Cambridge 1940.

Balaudé, J.-F., La communauté divine et au-delà. Les fins du dépassement selon Plotin, in: Philosophie 26 (1990), S. 73-94.

Bales, E.F., Memory, forgetfulness, and the disclosure of being in Heidegger and Plotinus, in: Philosophy today 34.2 (1990), S. 141-151.

Barion, J., Plotin und Augustinus. Untersuchungen zum Gottesproblem, Berlin 1935.

Beierwaltes, W., Selbsterkenntnis und Erfahrung der Einheit. Plotins Enneade V.3, Frankfurt/M. 1991.

Bussanich, J., The One and its relation to intellect in Plotinus. A commentary on selected texts, Leiden 1988.

Clark, G.H., Plotinus' theory of empirical responsibility, in: New scholasticism 17 (1943), S. 16-31.

Corrigan, K., Is there more than one generation of matter in the Enneads?, in: Phronesis 31 (1986), S. 167-181.

Crome, P., Symbol und Unzulänglichkeit der Sprache. Jamblichos, Plotin, Porphyrios, Proklos, München 1970.

Drews, A., Plotin und der Untergang der antiken Weltanschauung, Aalen 1964 (ND der Ausgabe Jena 1907).

Emilsson, E.K., Plotinus on sense-perception. A philosophical study, Cambridge 1988.

Graeser, A., Plotinus and the Stoics. A preliminary study, Leiden 1972.

Gurtler, G.M., Plotinus. The experience of unity, Frankfurt/M. 1989.

Hager, F.P., Metaphysik und Menschenbild bei Plotin und bei Augustin, in: Studia philosophica 33 (1973), S. 85-111.

Heiser, J.H., Plotinus and the apeiron of Plato's Parmenides, in: Thomist 55.1 (1991), S. 53-81.

Inge, W.R., The philosophy of Plotinus, New York 1968 (ND der Ausgabe New York 1929).

Kassner, R., Plotin oder das Ende des griechischen Geistes, in: Corona 10 (1941), S. 309-328.

Katz, J., Plotinus and the gnostics, in: Journal of the history of ideas 15 (1954), S. 289-298.

Kremer, K., Zur ontologischen Differenz. Plotin und Heidegger, in: Zeitschrift für philosophische Forschung 43 (1989), S. 673-694.

O'Meara, D.J., Das Böse bei Plotin, in: Platon in der abendländischen Geistesgeschichte, hrsg. von T. Kobusch/B. Mojsisch, Darmstadt 1997, S. 33-48.

Philipps, J.F., Plotinus and the »eye« of intellect, in: Dionysius 14 (1990), S. 79-103.

Pistorius, P.V., Plotinus and neo-platonism. An introductory study, Cambridge 1952.

Randall, J.H., The intelligible universe of Plotinos, in: Journal of the history of ideas 30 (1969), S. 3-16.

Rist, J.M., Back to the mysticism of Plotinus. Some more specifics, in: Journal of the history of philosophy 27.2 (1989), S. 183-197.

Schadewaldt, W., Die Anfänge der Philosophie bei den Griechen. Die Vorsokratiker und ihre Voraussetzungen. Tübinger Vorlesungen, Bd. 1, hrsg. von I. Schudoma, Frankfurt/M. 1978.

Simons, J., Matter and time in Plotinus, in: Dionysius 9 (1985), S. 53-74.

Sleeman, J.H./Pollet, G., Lexicon Plotinianum, Leiden 1980.

Sommer, R., Genese und Sinn der Selbstreflexionsmetaphysik. Die Mystik Plotins, München 1989.

Sweeney, L., Basic principles in Plotinus' philosophy, in: Gregorianum 42 (1961), S. 506-516.

Turnbull, G.H., The essence of Plotinus, London 1935.

Volkmann-Schluck, K.-H., Plotin als Interpret der Ontologie Platos, 2. Aufl., Frankfurt/M. 1957.

Zeller, E., Die Philosophie der Griechen in ihrer geschichtlichen Entwicklung, Bd. 3, Hildesheim 1963.

Zimmermann, W., Plotin, der in Visionen schauende Denker, Winterthur 1982.

Zeittafel

204/205 Geburt Plotins im hellenisierten Ägypten.
um 232 Plotin entdeckt sein außerordentliches Interesse für Philosophie und nimmt seine Studien in Alexandria unter der Anleitung von Ammonios Sakkas auf.
243 Um sein intellektuelles Spektrum zu erweitern, schließt sich Plotin dem Feldzug an, den Kaiser Gordian III. gegen die Perser führt.
244 Ermordung Gordians und Flucht Plotins über Antiocheia nach Rom, wo er die nächsten 26 Jahre eine rege Lehrtätigkeit ausübt.
269/270 Plotin stirbt auf dem Landgut seines Schülers Zethos in Kampanien, auf das er sich aus Krankheitsgründen zurückgezogen hatte.

Susanne Möbuß, geb. 1963 in Hannover, Studium der Philosophie und Geschichte; 1990 Promotion; 1996 Habilitation; Lehre an den Universitäten Hannover, Oldenburg und Bremen. Forschungsschwerpunkte: Philosophie des Mittelalters und der Renaissance, Existenzphilosophie und französische Gegenwartsphilosophie.
Buchveröffentlichungen: Die Intellektlehre des Levi ben Gerson in ihrer Beziehung zur christlichen Scholastik (1991); Schopenhauer für Anfänger. Die Welt als Wille und Vorstellung (1998).

**In der Reihe
»Grosse Denker – Eine Einführung«
sind lieferbar:**

Ernst Bloch
von Detlef Horster
3-926642-52-1

Giordano Bruno
von Anne Eusterschulte
3-926642-53-X

Europäische Mystik
von Gerhard Wehr
3-926642-54-8

Gnosis
von Julia Iwersen
3-926642-55-6

Jesus
von Peter Antes
3-926642-56-4

Lao-Tzu
von Florian C. Reiter
3-926642-57-2

**In der Reihe
»Grosse Denker - Eine Einführung«
sind lieferbar:**

Friedrich Schlegel
von Berbeli Wanning
3-926642-60-2

Georg Lukács
von Rüdiger Dannemann
3-926642-58-0

Montesquieu
von Michael Hereth
3-926642-59-9

Herbert Marcuse
von H. Brunkhorst/G. Koch
3-926642-61-0

Blaise Pascal
von Eduard Zwierlein
3-926642-62-9

Plotin
von Susanne Möbuß
3-926642-63-7

In der Reihe
»Grosse Denker - Eine Einführung«
sind lieferbar:

Die Sophisten
von Bernhard H.F. Taureck
3-926642-64-5

Die Vorsokratiker
von Carl-Friedrich Geyer
3-926642-65-3

Simone Weil
von Heinz Abosch
3-926642-66-1

Carl Friedrich von Weizsäcker
von Michael Drieschner
3-926642-67-X

Erich Fromm
von Helmut Wehr
3-926642-68-8

Hans Jonas
von Franz Josef Wetz
3-926642-69-6

**In der Reihe
»MEISTERDENKER«
sind lieferbar:**

Stephen W. Hawking
"Die Kosmonologie des 21. Jahrhunderts"
von Klaus Mainzer
3-926642-29-7

Jean-Paul Sartre
"Konzeption der Freiheit"
von Susanne Möbuß
3-926642-30-0

Soeren Kierkegaard
"Denker der Moderne"
von Patrick Gardiner
3-926642-31-9

C. G. Jung
"Das ganze Potential menschlicher Existenz"
von Anthony Stevens
3-926642-32-7

In der Reihe »MEISTERDENKER« sind lieferbar:

Arthur Schopenhauer
"Die Welt als Will und Vorstellung"
von Margot Fleischer
3-926642-33-5

Siegmund Freud
"Die Freudsche Psychoanalyse und ihr Einfluss auf das 20. Jh."
von Anthony Storr
3-926642-34-3

Albert Einstein
"Eine Formel verändert die Welt"
von Klaus Fischer
3-926642-35-1

Thomas von Aquin
"Antike und Christenum"
von Anthony Kenny
3-926642-36-X

In der Reihe »MEISTERDENKER« sind lieferbar:

Martin Luther
"Der leidenschaftliche Reformator"
von Ernstpeter Maurer
3-926642-37-8

Galileo Galilei
"Revolutionär und Ketzer"
von Stillman Drake
3-926642-38-6

Sokrates
"Erkenne dich selbst!"
von C.C.W. Taylor
3-926642-39-4

René Descartes
"Ich denke, also bin ich!"
von Tom Sorell
3-926642-40-8

**In der Reihe
»MEISTERDENKER«
sind lieferbar:**

Thomas Hobbes
"Freiheit und Unfreiheit des Individuums"
von Richard Tuck
3-926642-41-6

Jean-Jacques Rousseau
"Zurück zur Natur!"
von Robert Wokler
3-926642-42-4

Immanuel Kant
"Was ist der Mensch?"
von Roger Scruton
3-926642-43-2

Georg Wilhelm Friedrich Hegel
"Vernunft und Wirklichkeit"
von Martin Gessmann
3-926642-44-0

**In der Reihe
»MEISTERDENKER«
sind lieferbar:**

Friedrich Nietzsche
"Verwechselt mich vor Allem nicht!"
von Michael Tanner
3-926642-45-9

Martin Heidegger
"Sein und Zeit"
von Michael Inwood
3-926642-46-7

Ludwig Wittgenstein
"Wovon man nicht sprechen kann,
darüber muss man schweigen!"
von A.C. Grayling
3-926642-47-5

Karl Marx
"Vordenker moderner Revolution"
von Iring Fetscher
3-926642-48-3

**In der Reihe
»MEISTERDENKER«
sind lieferbar:**

Aristoteles
"Die Welt als sinnvolles Ganzes"
von Thomas Buchheim
3-926642-49-1

Augustinus
"Der grosse Kirchenlehrer"
von Wilhelm Geerlings
3-926642-51-3

Platon
"Das Gute und das letzte Ziel allen Strebens"
von Michael Bordt
3-926642-50-5